www.ingramcontent.com/pod-product-compliance
Lightning Source LLC
Chambersburg PA
CBHW071228130726
47998CB00002B/874

صيحة النانو

1

دار حروف منثورة للنشر والتوزيع

مؤسس الدار

مروان محمد

مشرف عام السلاسل

صفاء حسين العجماوي

الطبعة الأولى

الكتاب: صيحة النانو

المؤلف: صفاء حسين العجماوي

تصنيف الكتاب: علوم طبيعية

تصميم الغلاف: فريق الدار

تنسيق داخلي: فريق الدار

مراجعة لغوية: محمد إمام

رقم الإيداع:21710/ 2022م

الترقيم الدولى:

Website: https://horofbooks.com
Fan page: http://facebook.com/horofsbooks
Email: info@horofbooks.com

هاتف جوال: 00201113006296 – هاتف جوال: 00201064054995

سلسلة كبسولات علمية

صيحة النانو

العدد الثاني

صفاء حسين العجماوي

3

في عصر اتّسم فيه كلُّ شيء بدقة الحجم، وسرعة الإيقاع، والتكالب للحصول على الأفضل بحجم أقل في سياسة توفير تناسب المجتمع الاستهلاكي، برزت تقنيات النانو لتقود العلم والعلماء نحو المستقبل، بأحجام تصغر بشكل كبير ومستمر، وخواص تتحسن بصورة عكسية مع الحجوم، لذلك ظهر أهمية شرح وتوضيح كل ما يتعلق بهذه التقنية بشكل مبسط يناسب الجميع.

صفاء حسين العجماوي

كانت الإرهاصات العلمية للمواد النانوية في عام 1959 م، عندما ذكر عالم الفيزياء الأمريكي الشهير البروفسور ريتشارد فاينمان (Feynman Richard)[1] في محاضرة بعنوان "هناك متسع كبير في القاع" أمام الجمعية الفيزيائية الأمريكية، أنه من الممكن تغيير خواص أية مادة، وتعظيم سماتها وخواصها عن طريق إعادة ترتيب ذراتها بالشكل الذي يأتي معه الحصول على خواص فريدة تختلف تمامًا عن سماتها الأصلية قبل إعاد

---

[1] - ريتشارد فيليبس فاينمان (بالإنجليزية(Richard Phillips Feynman : (11 مايو 1918 – 15 فبراير 1988) فيزيائي نظري أمريكي، معروف بإسهاماته في الصياغة التكاملية للمسار الخاصة بميكانيكا الكم، نظرية الكهروديناميكا الكمية، وفيزياء الميوعة الفائقة والتبريد الفائق للهيليوم المسال، وكذلك بإسهاماته في فيزياء الجسيمات، حيث اقترح نموذج البارتون. حصل فاينمان، جراء إسهاماته في تطوير الكهروديناميكا الكمية، على جائزة نوبل للفيزياء عام 1965، بالمشاركة مع جوليان شفينغر وشينيتشيرو توموناغا. طوّر فاينمان مخططات تصويرية للتعبيرات الرياضية التي تصف سلوك الجسيمات الدون ذرية، والتي عرفت فيما بعد باسم مخططات فاينمان. أصبح فاينمان أثناء حياته واحدا من أشهر العلماء في العالم. ففي استطلاع أجرته المجلة البريطانية «عالم الفيزياء» عام 1999 عن 130 من الفيزيائيين الرواد، صنف فاينمان كواحد من أعظم 10 فيزيائيين في التاريخ. ساهم فاينمان في صنع القنبلة الذرية أثناء الحرب العالمية الثانية واشتهر في الثمانينيات بعضويته في لجنة روجر، وهو الفريق الذي حقق في كارثة المكوك الفضائي تشالنجر. إلى جانب إسهاماته في الفيزياء النظرية، ينسب إليه الفضل كرائد للحوسبة الكمية وتقديم مفهوم تكنولوجيا النانو. كذلك فقد شغل كرسي أستاذية ريتشارد تولمان للفيزياء النظرية في معهد كاليفورنيا للتكنولوجيا.

هيكلتها. ممهدًا بذلك للعالم الياباني نوريو تانيجو تش (Norio Taniguchi) في عام 1974م، تفجير ثورة منحها اسم تقنية النانو (Nano technology)، للتعبير عن طرق تصنيع عناصر ميكانيكية وكهربائية متناهية الصغر بدقة عالية، وبذلك بزغ مصطلح تقنيات النانو لأول مرة.

في عام 1976م استحدث الفيزيائي الفلسطيني منير نايفة طريقة ليزرية تسمى التأين الرنيني، لكشف الذرات المنفردة، وقياسها بأعلى مستويات الدقة والتحكم، ورصد بها ذرة واحدة من بين ملايين الذرات، وكشف هويتها لأول مرة في التاريخ، وتعمل هذه الطريقة على إثارة الذرات بليزر محدد اللون، وتأيينها، ثم تحسس الشحنات الصابغة.

وفي عام 1981 اخترع الباحثان السويسريان جيرد بينغ وهنريك روهر جهاز المجهر النفقي الماسح المعروف اختصارًا بـ STM (Scanning Tunneling Microscope)، وقد مكن هذا المجهر العلماء لأول مرة من التعامل المباشر مع الذرات والجزيئات وتصويرها وتحريكها، لتكوين جسيمات نانوية.

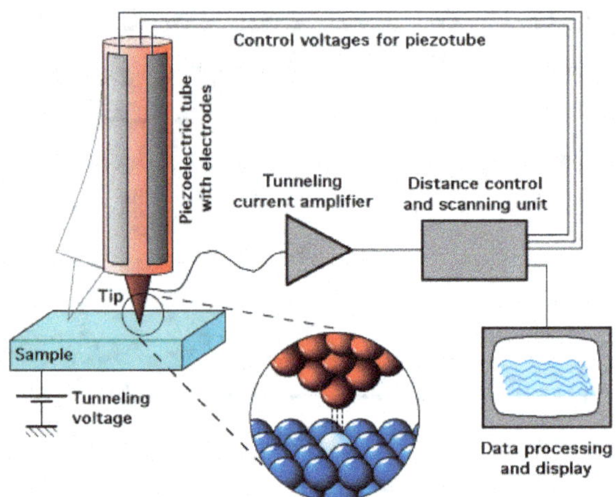

شكل (1) مخطط لجهاز المجهر النفقي الماسح

في عام 1986م وضع إريك دريكسلر كتاب محركات التكوين (Creation of Engines)، وذكر فيه المخاطر المتخيلة لتقنية النانو، مثل صنع محركات ومركبات نانوية تستطيع نسخ نفسها، ولا يمكن الحد من انتشارها. كما بسط فهم الأفكار الأساسية لتقنية النانو منها إمكانية صناعة أي مادة بواسطة صف مكوناتها الذرية واحدة تلو الأخرى.

في عام 1991ام كتشف الباحث الياباني سوميو ليجيما أنابيب الكربون النانوية (Carbon nanotube)، وهي عبارة عن أسطوانات من الكربون قطرها عدة نانو

مترات، ولها خصائص إلكترونية وميكانيكية متميزة، مما يجعلها مهمة لصناعة مواد وآلات نانوية مدهشة.

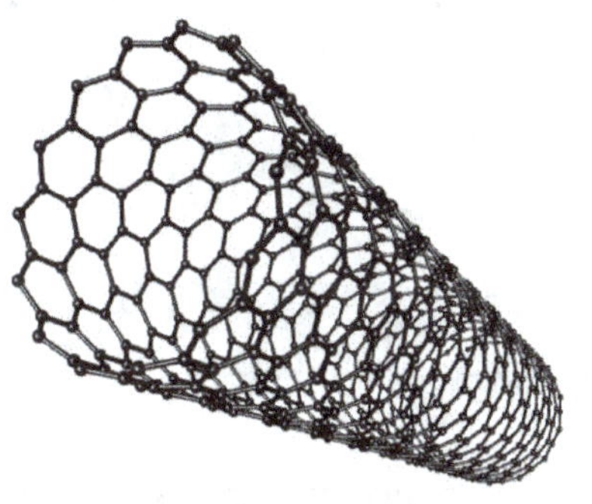

شكل (2) أنابيب الكربون النانوية

وفي عام 1992م كتب العالم منير نايفة بالذرات أصغر خط في التاريخ (حرف p وبجانبه قلب رمزًا لحب فلسطين)، ولقد نشرت في كبرى المجلات العلمية، ووكالات الأنباء العالمية. وقد استخدم في ذلك المجهر النفقي الماسح، والفائدة من هذا الرسم بالذرات أنه استطاع التحكم في الذرات الدقيقة، وأعاد ترتيبها. كما تمكن في سنة 2000م من اكتشاف وتصنيع عائلة من حبيبات السليكون أصغرها ذات قطر 1 نانو، مما أثر بشكل كبير في تحسين خصائصها الفيزيو كيميائية والميكانيكية.

شكل (3) صورة لحرف p المعبر عن فلسطين والقلب الذي رسمهما العالم منير نايفة بالحجم النانوي

كلمة النانو (بالإنجليزية Nano) عبارة عن بادئة إنجليزية (جزء نبدأ به الكلمة) مشتقة من الكلمة الإغريقية "Nanos"، والتي تعني قزم (تعرف باللاتينية Nanus)، ويستخدم النانو للتعبير عن جزء من مليار من الشيء؛ فمثلاً نقول نانومتر، أو نانو ثانية، وهذا يدل على جزء من مليار جزء من المتر، وجزء من مليار جزء من الثانية. ويمكن كتابة النانو بالأرقام على أنه 10^{-9}، ويعبر عنه رياضيًا بالمعادلة التالية:

$$nX = 10^{-9}X$$

والبادئات (بالإنجليزية Prefixes) هي جزء من كلمة تلحق بأول الكلمة لتضيف إلى معناها، والنانو ومثيلاتها من البادئات تم الاصطلاح على إلحاقها بالوحدات القياسية

المستخدمة في نظام الوحدات العالمي المعروفة اختصارًا بــ (SI unit) International system of unit).

الجدول التالي يوضح هذه البادئات ودلالاتها:

				SI- PREFIXES			
Name of prefix	Symbol	اسم البادئة	Base 10	Name of prefix	Symbol	اسم البادئة	Base 10
Yotta	Y	يوتا	10^{24}	Yocto	y	يوكتو	10^{-24}
Zetta	Z	زيتا	10^{21}	Zepto	z	زيتو	10^{-21}
Exa	E	إيكسا	10^{18}	Atto	a	أتو	10^{18}
Peta	P	بيتا	10^{15}	Femto	f	فيمتو	10^{-15}
Tera	T	تيرا	10^{12}	Pico	p	بيكو	10^{-12}
Giga	G	جيجا	10^{9}	Nano	n	نانو	10^{-9}
Mega	M	ميجا	10^{6}	Micro	μ	ميكرو	10^{-6}
Kilo	K	كيلو	10^{3}	Milli	m	مللي	10^{-3}
Hector	H	هيكتو	10^{2}	Centi	c	سنتي	10^{-2}
Deca	da	ديكا	10	Deci	d	ديسي	10^{-1}

جدول (1) قيم بادئات الوحدات تبعًا لنظام الوحدات العالمي
SI unit

يمكن توضيح علاقة النانو بغيرها من البادئات كما يلي:

$$1nX = 10^{-3}\mu X = 10 A^{°2}X = 10^{-6} mX = 10^{-7} cX = 10^{-9} X$$

---

[2] - وحدة الأنجستروم ، وهي تساوي 10 نانو، ويعبر عنها رياضيًا :
$1A° X = 10^{-10} X$

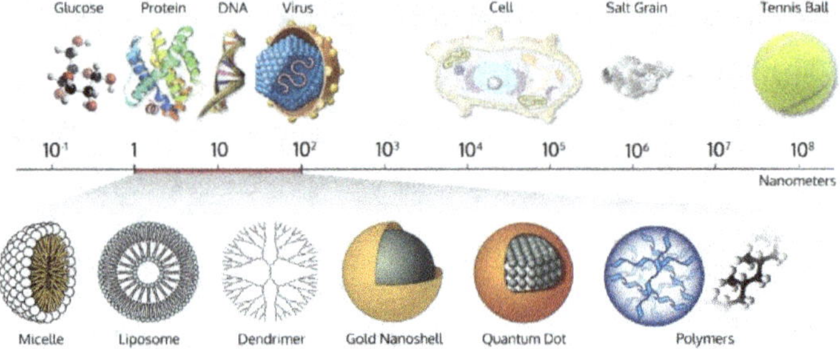

شكل (4) مقياس الأشياء منسبة للنانومتر

ولنتخيل مقدار صغر النانو يمكن وصفها بأن واحد نانو متر يساوي طول عشر ذرات من الهيدروجين[3] متراصة طوليًا

تعريفات هامة

---

3 - يرمز لعنصر الهيدروجين (H) وهو أصغر وأبسط ذرة معروفة، فنواته تتكون من بروتون واحد، وبالتالي يكون عدده الذري واحد، يقع الهيدروجين في الجدول الدوري ضمن عناصر الدورة الأولى، وفوق عناصر المجموعة الأولى أقصى يسار الجدول. في الظروف القياسيّة من الضغط والحرارة يكون الهيدروجين غازًا عديم اللون والرائحة، سريع الاشتعال، غير سام، ثنائي الذرّة أحادي التكافؤ له الصيغة الجزيئيّة (H_2). وللهيدروجين ثلاث نظائر، وهي البروتيوم ويرمز له (H_1^1) أو (P_1^1) وهو أكثرهم شيوعًا، وديوتيريوم (H_1^2) أو (D_1^2) ويسمى الماء الذي يكونه بالماء الثقيل، ويستخدم في عمليات تبريد قلب المفاعلات النووية، وأخيرًا التريتيوم (H_1^3) أو (T_1^3). ويعدّ الهيدروجين أخفّ العناصر الكيميائيّة، وأكثرها وفرةً في الكون، حيث يشكّل 75% من حجم الكون. إنّ أغلب الهيدروجين الموجود على الأرض يكون على شكل جزيئي، وذلك بدخوله على شكل رابطة تساهمية في بنية الماء ومعظم المركبات العضويّة.

يمكن تعريف تقنية النانو (بالإنجليزية: Nanotechnology) على أنه العلم الذي يدرس تطبيقات الأشياء الصغيرة جداً، والتي تكون أبعادها تتراوح بين 1 إلى 100 نانو متر، والتي يُمكن أن تُستخدم في مجالات مختلفة وواسعة من العلوم والهندسة. بدأت فكرة تكنولوجيا النانو مع العالم الفيزيائي ريتشارد فاينمان سنة 1959م، وتطور هذا العلم مع تطور قدرتنا على دراسة الذرات والجزيئات.

غير أن مؤسسة العلوم القومية الأمريكية تُعرف رسميًا علم النانو/ تقنية النانو بالدراسات التي تعني بالمواد والمنظومات التي لها الخصائص التالية:

البعد

على الأقل بعد واحد من الأبعاد الثلاثة[4] يتراوح طوله بين 1 إلى 100 نانومتر (1-100 nm).

الأسلوب

صمم بطرق وإجراءات تبين سيطرة وتحكم أساسي بالصفات المميزة الفيزيائية والكيميائية للإنشاءات ذات المقياس الجزيئي.

خصائص لبنة البناء.

---

[4] - يقصد بالأبعاد الثلاثة الطول والعرض والارتفاع (أو السُّمك)

يمكن تجميعها بحيث تكون منشآت طويلة. وعمومًا فإن علم النانو طبيعي تمامًا في علوم البيولوجيا المجهرية، إذا أخذنا في الاعتبار أحجام العديد من الجسيمات الحيوية التي تتعامل معها مثل الأنزيمات، الفيروسات، .... إلخ، والتي تقع ضمن نطاق النانومتر.

ويمكن تعريف الجسيمات النانوية (بالإنجليزية: Nanoparticles) على أنها جسيمات تتراوح أبعادها بين (1- 100) نانومتر، والتي تكسبها هذا الحجم المتناهي الصغر خصائص مميزة وفريدة، حيث تسلك سلوكًا مغايرًا لها في حالتها التقليدية (Bulky shape) سواء أكانت ميكانيكية أو حرارية أو كهربية (ونحوها من الخواص الفيزيائية) أو مورفولوجية أو كيميائية .....وغيرها.

وتعتبر المادة نانوية إذا كان على الأقل بعد واحد من أبعادها الثلاثة في مدى 1- 100 نانومتر.

وبشكل عام وأكثر شمولية يمكن تعريف تقنية النانو على أنها التقنية القائمة على فهم ودراسة علم النانو والعلوم الأساسية المرتبطة به، مع توفر القدرة على تصنيع المواد النانوية، والتحكم في بنيتها الداخلية (molecular structure) عن طريق إعادة ترتيب وهيكلة ذراتها وجزيئاتها، لتناسب المهام الوظيفية المنوطة بها أو المأمولة منها، ويرتبط بذلك تصميم وتصنيع الأجهزة والأنظمة المتحكمة في تصنيعها وتقيم أدائها.

نظرًا لتفرد وطبيعة كل مادة، ولاختلاف شكلها الجزيئي الفراغي، بالإضافة إلى تنوع طرائق تحضير المواد النانوية، فقد نتج عدد من أشكال وأنواع المواد النانوية، والتي يمكن تقسيمها تبعًا لعدد الأبعاد النانوية إلى:-

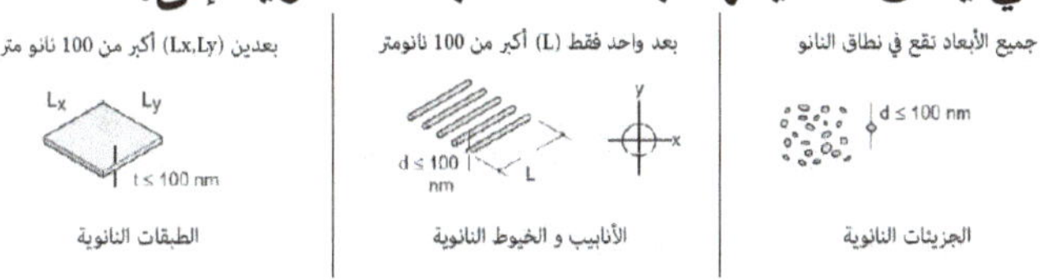

شكل (5) تقسيم المواد النانوية طبقًا لأبعادها النانوية

النقاط الكمية

تعرف اختصارًا بــ QD (quantum dots)، وهي بُنى نانوية ذات شكل مكعب أو كرة تتراوح أبعادها بين (2-4) نانومتر، وهي صغيرة كفاية لتقدم سلوك كمي في العمليات الضوئية أو الكهربية.

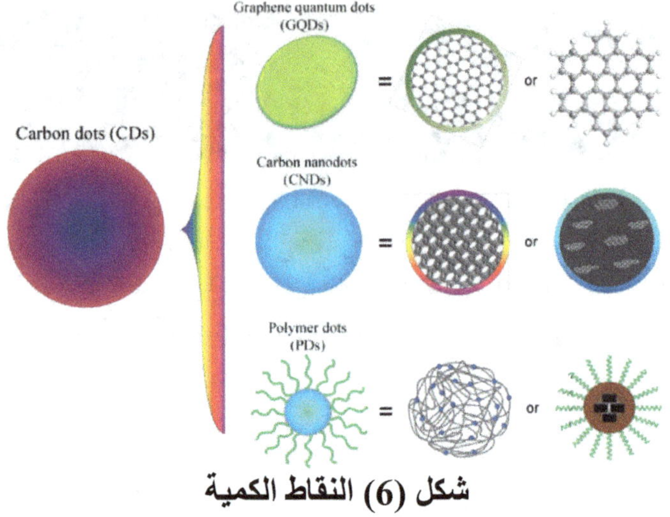

شكل (6) النقاط الكمية

جسيمات/ حبيبات نانوية (Nanoparticles)

تعرف كذلك بثلاثية البعد النانوي، وهي بُنى نانوية في ثلاثة أبعاد نانوية (nm^3)، حيث لا يتعدى أي بعد من أبعادها الثلاثة 100 نانومتر، ومن الفئات التي تشملها الكريات النانوية (بالإنجليزية: Nanosphere)، وكذلك مساحيق الفلزات والمواد السيراميكية فائقة النعومة، وتدخل مساحيق الفلزات النانوية، مثل ثاني أكسيد السيليكون (SiO_2)[5]، وثاني أكسيد التيتانيوم (TiO_2)[6]،

---

[5] - والذي يعرف بالسيليكا أو حمض السيليك هو أكسيد السيليكون المعروف بقساوته منذ العصور القديمة. يوجد السيليكا في الطبيعة في الرمل والكوارتز، وفي

16

أكسيد الألمنيوم (Al_2O_3)[7]، وكذلك أكسيد الحديد المغناطيسي (Fe_3O_4)[8] في قطاع صناعة الالكترونات

جدران خلايا الدياتوم أو الدياتوم المشطور (diatoms). وهو مكون أساسي في معظم أنواع الزجاج والمواد مثل الخرسانة. وتعتبر السيليكا من أكثر المعادن وفرة في القشرة الأرضية.

[6] - والذي يعرف بالتيتانيا أو أكسيد التيتانيوم الرباعي) وهو أكسيد يتكون طبيعيًا للتيتانيوم. وهو مشهور بسبب استخداماته الكثيرة بدايةً من الدهان وواق من الشمس إلى استخدامه في تلوين الطعام. وعند استخدامه كملون في الطعام يكون له رقم(E171). توصلت دراسات إلى أن الصبغة الحافظة «إي 171» (E171) الموجودة في الكثير من الأطعمة المصنعة تدمر الفلورا (البكتيريا) المعوية، مما يؤدي إلى التهابات مزمنة في الأمعاء قد تنتهي بسرطان القولون أو المستقيم. كما أنها ترتبط بالإصابة بأمراض أخرى. ويندر أن تخلو مادة غذائية مصنعة من الصبغة الغذائية «إي 171»، إذ يمكن العثور عليها في العديد من الأطعمة مثل الجبن أو الحلويات، بل يمتد استخدامها إلى مواد التجميل وبعض الأدوية. وتوفر هذه المادة المضافة لونا أبيض ناصعًا يطغى على كل الألوان الأخرى غير المرغوب في أن يراها المستهلك. كما تضمن «إي 171» مدة صلاحية أطول. هذه المادة (E171) تزيد من احتمالات الإصابة بالتهاب الأمعاء وسرطان القولون والمستقيم.

[7] - والذي يعرف بالألومنيا يوجد على شكل نمطين يختلفان عن بعضهما في البنية البلورية ، وبالتالي يختلفان أيضًا في الخصائص الفيزيائية والكيميائية بالإضافة إلى التطبيقات، وهما النمط ألفا α والنمط غاما γ. نظراً لقساوة مركب α-أكسيد الألومنيوم (قساوة 9 على مقياس موس) فإنه يستخدم في معدات صقل وتلميع المعادن؛ كما يستعمل لصناعة أقراص صلبة للجلخ و قطع المعادن ويتفاعل مع مادة الرزين المائل على درجة حرارة مئوية 180 مئوية. كما يستخدم المركب في صنع الأجهزة المخبرية المعدة لتحمل درجات حرارة عالية مثل البواتق. يتميز γ-أكسيد الألومنيوم بأن لديه قابلية كبيرة للامتصاص، لذلك يستخدم في الكروماتوغرافيا، في عمليات التجفيف، وفي إزالة ألوان المحاليل.

[8] - أو ما يعرف بالمغنيتيت وهو أحد الخامات التي يستخلص منها الحديد إلى جانب الهيماتيت. يستخدم هذا المعدن في صناعة المغناطيسات الدائمة. وهو أسود اللون ولامع وكثافته عالية. ويكوّن المغنيتيت بعض الصخور النارية

ومواد البناء وصناعة الطلاء، وكذلك في صناعة الأدوية والأجهزة الطبية الحديثة لتحل بذلك محل المواد التقليدية، ولتساهم في رفع كفاءة وجودة المنتجات. وتعد فئة الحبيبات النانوية لعناصر الفلزات الحرة (Metals Nobel)، وعلى الأخص فلز الذهب من أهم المواد النانوية الحبيبية، وذلك لأهميتها واستخداماتها في كثير من التطبيقات المتعلقة بدحر، وقتل الأورام السرطانية التي تصيب أعضاء الجسم. وقد استخدمت حبيبات الذهب النانوية في تحديد سلاسل الحامض النووي (DNA) المرتبطة بالمرض، وكذلك في تحديد سلاسل الحامض النووي للفيروسات التي تغزو جسم النسان ، والجدير بالذكر أن هذه الفئة من المواد النانوية ثلاثية الأبعاد سواء أكانت على هيئة حبيبات أو مساحيق فائقة النعومة تتصدر قائمة الإنتاج العالمي من المواد النانوية بوجه عام، وذلك نظرا لتعدد استخداماتها في المجالات والتطبيقيات التكنولوجية الحديثة.

والمتحولة، ويدخل في صناعة الصلب. والمغنيتيت لا ينصهر إلا في حرارة عالية، ويذوب ببطء شديد في الأحماض المركزة، وتتبع بلوراته نظام بلوري مكعب.

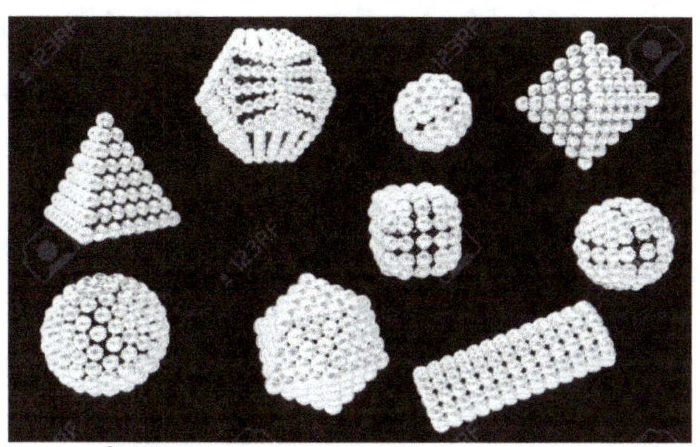

شكل (7) جسيمات نانو فضة

من أشهر أنواعها الكرات النانوية مواد نانوية فئة الفلورنيات، وتكون متعددة القشرة، وخاوية المركز، ولا يوجد بها فجوات على سطحها، ومن أهمها الفلورين (Fullerene) (C_{60})، الذي اكتشف عام 1985م، وقد سمي بالفولورين نسبة للمخترع والمهندس المعماري "بكمنستر فولر"، حيث تحتوي الصيغة الكيميائية له على ستين ذرة كربون مرتبة على شكل كرة قدم، والتي تحتوي اثني عشر شكلًا خماسيًا، وعشرين شكلاً سداسيًا، ولذلك يسمى كرة Bucky، وقد نشأ فرع كيمياء جديد يسمى الفولورين حيث عرف أكثر من 9000 مركب فولورين منذ عام 1997 م ، وظهرت تطبيقات مختلفة لكل من هذه المركبات ومنها المركبات (K3C60) & (RbCs2C60)، التي أبدت توصيلية فائقة، كما اكتشفت

أشكالاً أخرى منها كالفولورين المخروطي والأنبوبي والكروي.

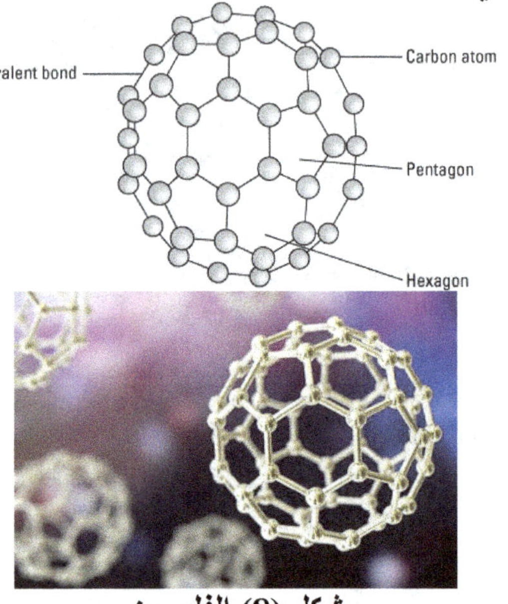

شكل (8) الفلورين

ألياف نانوية (Nanofiber)

تعرف كذلك بثنائية البعد النانوي، وهي بُنى نانوية في بعدين نانويين (nm^2)، لا يتعدى أي منهما 100 نانومتر، ولها أشكال سداسية، أو حلزونية، ومن أهم خصائصها أن نسبة سطحها إلى حجمها كبيرة جدًا.

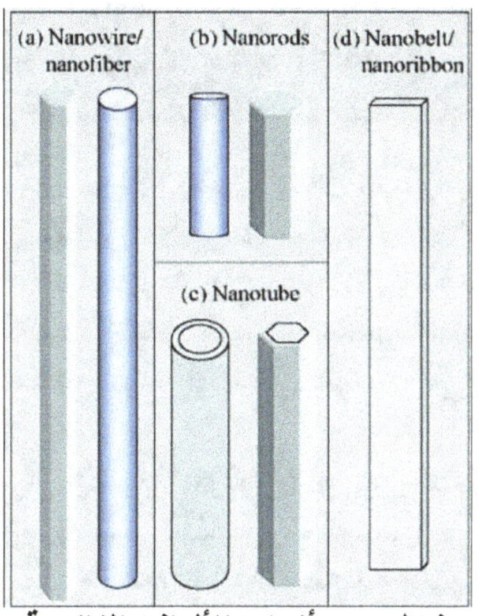

شكل (9) أنواع الألياف النانوية

وتنقسم إلى ثلاث أقسام:

الأسلاك النانوية (Nanowires)

وهي أسلاك بقطر يقل عن 100 نانومتر، وبأطوال مختلفة، أي بنسبة طول إلى عرض تزيد عن 1000 مرة.

وهي عبارة عن شرائح تطوى بشكل أسطواني، وغالبًا ما تكون إحدى نهايتي الأنبوب مفتوحة، والآخرى مغلقة بشكل نصف دائري، ويتراوح قطر الأنبوب من 1- 100 نانومتر، وله عدة أشكال منها: المستقيمة، أو لولبية، أو متعرجة، أو خيزرانية، أو مخروطية، وهي مفرغة من الداخل.

تصنع من مواد عضوية (كربون) أو غير عضوية (أكاسيد الفلزات مثل: أكاسيد الڤناديوم والمنجنيز) وتتمتع هذه الأنابيب بالقوة والصلابة والتوصيلية الكهربية، ولكن أكاسيد الفلزات أثقل وأضعف من أنابيب الكربون.

مثال: نأخذ كرة Bucky ونقطعها نصفين، وبعدها نلف صفيحة الجرافين (شكل من أشكال الكربون) ونغمسها بين الشقين المقسومين، فنحصل على الأنابيب النانوية. من الممكن أن توضع الأنابيب داخل بعضها، وقد يكون الجدار ثنائي أو أكثر، لذلك تقسم إلى:-

1* أنابيب نانوية وحيدة الجدار، وتعرف اختصارًا بـ—SWNTs (Single wall nanotube)

2* أنابيب نانوية متعددة الجدار، وتعرف اختصارًا بـ—MWNTs (Multi- wall nanotube)

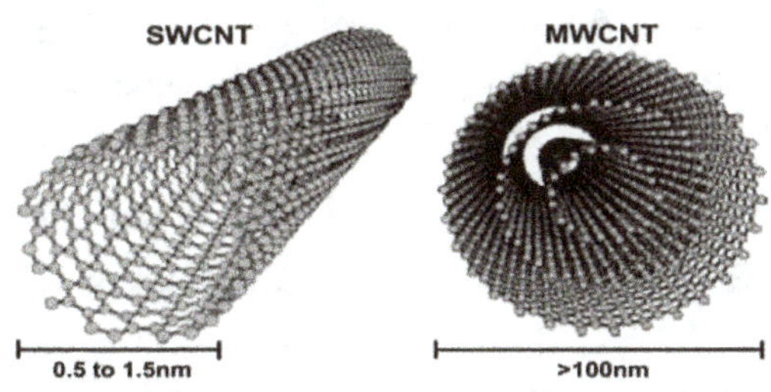

شكل (10) أنابيب نانوية وحيدة الجدار ومتعددة الجدر

قضبان/ عصي نانوية (Nanorods/ solid (Nanofibers

وهي بُنى نانوية شكلها يشبه العصى الطويلة، أو الأوتار، مع قطر يتراوح بين 1- 100 نانومتر، وطول أطول بكثير، وهي مصمتة من الداخل.

صفائح نانوية (Nanoplates)

تعرف كذلك بأحادية البعد النانوي، وهي مجمل المواد التي لها طول في بعد نانوي واحد، وتكون على شكل رقائق سمكها لا يتعدى مئة نانومتر، وتعد من الأغشية الرفيعة (Thin Layers)، وتستخدم لطلاء المواد القديمة من أجل تحسين خواصها، مثل المواد النانوية الموظفة في أعمال طلاء الأسطح (Surface nanocoating) كالتي

تستخدم في طلاء أسطح المنتجات الفلزية بغرض حمايتها من التآكل بالصدأ، أو تلك الأفلام رقيقة السمك (Thin Films) المستخدمة في تغليف المنتجات الغذائية بهدف وقايتها من التلوث والتلف . كذلك تصنع مواد أشباه الموصلات المختلفة مثل رقائق السيليكون لتوظيفها في صناعة الخلايا الشمسية.

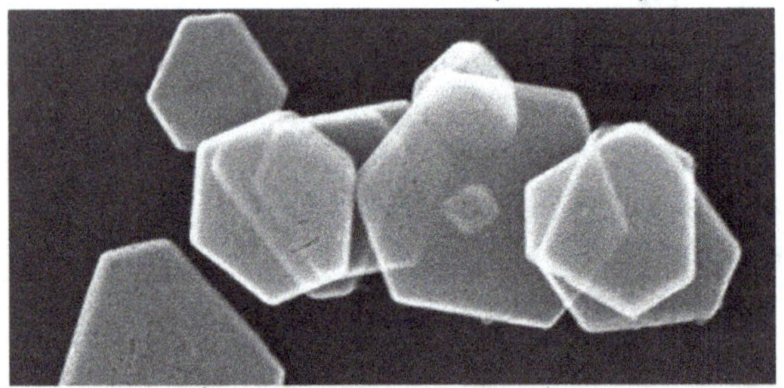

شكل (11) صفائح نانوية

المتراكبات النانوية (Nanocomposites)

وهي مواد تضاف إليها جسيمات نانوية خلال تصنيعها، فتبدي تحسنًا كبيرًا في خواصها، ويجب أن تكون النسبة المئوية الحجمية للجسيمات النانوية المضافة منخفضة جدًا في حدود (0.5 -5 %)، ويرجع ذلك لأن النسبة بين المساحة السطحية إلى حجم الجسيمات النانوية تكون عالية، فعلى سبيل المثال يؤدي إضافة أنابيب الكربون النانوية إلى تغيير خصائص التوصيلية الكهربية والحرارية للمادة، وقد يؤدي إضافة أنواع أخرى من

الجسيمات النانوية إلى تحسين الخصائص الضوئية، وخصائص العزل الكهربائي، وكذلك الخصائص الميكانيكية مثل الصلابة والقوة.

Properties of nanomaterial خواص المواد النانوية

أدى صغر أبعاد المادة في الحجم النانوي (1- 100 نانومتر) إلى تغير كبير في سلوكها وخواصها، وظهور بعض الخواص الفريدة التي لم تكن تظهر في حالتها العادية (Bulky shape)، ومن هذه الخواص:-

الخواص الفيزيائية

الخواص الميكانيكية (Mechanical properties)

تأتي الخواص الميكانيكية للمادة على رأس قائمة الخواص المستفيدة من صغر حجم الحبيبات، ووجود أعداد ضخمة من ذرات المادة على أسطحها الخارجية، فعلى سبيل المثال ترتفع قيم الصلادة (hardness) للمواد الفلزية وسبائكها في الحالة النانوية عن حالتها العادية، كما تزيد مقاومة المواد النانوية لمواجهة الضغوط، وإجهادات الأحمال المختلفة الواقعة عليها(strength)، إلى جانب زيادة قيم المتانة، ومقاومة التشكيل وغيرها.

ويؤدي تصغير مقاييس حبيبات المواد السيراميكية إلى اكتسابها المزيد من المتانة وهي صفة لا توجد في مواد

السيراميك المعروفة بقاصفتها ومقاومتها للتشكيل، وقد أظهرت نتائج الأبحاث الرامية إلى تطوير المواد السيراميكية، ورفع قيم متانتها، وقابليتها للتشكيل، وتحمل إجهادات الصدم الى تخليق أنواع جديدة من تلك المواد، فعلى سبيل المثال تستخدم حبيبات كربيد التيتانيوم في تصنيع أدوات القطع والحفر المستخدمة في تقطيع الأجسام شديدة الصلادة، وكذلك في الوصول إلى مكامن زيت النفط، وبحيرات المياه الجوفية من خلال التعامل مع صخور الطبقات الجيولوجية عالية الصلادة، وذلك بدلاً من استخدام مادة الألماس الأسود مرتفع الثمن، والذي تنخفض خواصه عن خواص هذه المواد النانوية الجديدة. نجد الحبيبات النانوية الآن مرتفعة الصلادة، والمتانة مثل حبيبات مادة أكسيد الألمنيوم، وأكسيد الزركونيوم ـ مجال تطبيقيا مهمًا ـ، حيث توظف في تغليف الأسطح الداخلية لأسطوانات المحركات من أجل زيادة العمر الافتراضي لتلك المحركات، ووقايتها من الصدأ الذي تتعرض له في أثناء التشغيل، نتيجة لتلامس مكوناتها الفلزية مع بعضها خاصة في الأماكن مرتفعة الحرارة، والتي تفقد معها الزيوت المستخدمة في التبريد كفاءتها.

وتعد الأغلفة المكونة والمؤلفة من حبيبات النانو الفلزية التي تدمج مع حبيبات أخرى من مواد سيراميك، أحد المفاتيح المهمة الموظفة في صناعة أجسام الطائرات والمركبات الفضائية الأخرى، وتحاشي ظاهرة الاجهادات الواقعة عليها نتيجة تعرض أجسام هياكلها للوهن

والضعف. وتعمل الحبيبات المكونة للأغلفة التي تغطى بها أسطح هياكل المركبات الفضائية بمنع امتداد أي شروخ تقع على الجسم، ووقف تقدمها وزحفها، مما يحافظ على سلامة ومتانة الطائرات . ويزيد من أعمارها الافتراضية إلى نسب تتراوح بين (200 -300%). تجدر الإشارة هنا إلى ارتفاع قدرة المواد النانوية في وقف امتداد الشروخ بأجسام المركبات الفضائية ناتج عن تناهي صغر مقاييس أبعاد حبيباتها.

تختلف درجة الانصهار تبعًا لاختلاف أقطار حبيبات المادة، وغالبًا ما تقل درجة الانصهار بشكل ملحوظ، كلما صغرت أقطار تلك الحبيبات، لذلك تقل درجة انصهار المادة في الحالة النانوية عنها في حالتها العادية، نظرًا لزيادة مساحة الأسطح الخارجية، مثال ذلك:

درجة انصهار الذهب النقي في حالته العادية (Au^9 = $1064^\circ C^{10}$)، أما في الحالة النانوية فتصبح ($500^\circ C$)،

---

[9] - يرمز لعنصر الذهب بالرمز Au، وعدده الذرّي 79؛ وهو بذلك أحد العناصر القليلة ذات العدد الذرّي المرتفع والمتوفّرة طبيعيًا في نفس الوقت. يوجد في الطبيعة على شكل فلز ذي لون أصفرٍ مائل إلى الحمرة، وكثافته مرتفعة، وهو قابل للسحب وللطرق والتشكيل. يصنّف الذهب كيميائيًا من الفلزّات الانتقالية وضمن عناصر المجموعة الحادية عشرة- الفئة (d) العناصر الانتقالية الخارجية-؛ وهو يصنّف أيضًا ضمن الفلزّات النبيلة، فهو لا يتأثّر بأغلب الأحماض الشائعة، إلّا في الماء الملكي، وهو مزيجٌ من حمض النتريك وحمض

وذلك عند وصول أقطار حبيبات الذهب إلى نحو 1.35 نانومتر. هذا على الرغم من تساوي حبيبات الذهب ذات الأقطار المختلفة في التركيب الكيميائي، وخلوها من الشوائب .

ويبرر علماء الفيزياء سبب تناقص قيم نقط انصهار المادة مع تناقص مقاييس حبيباتها إلى الزيادة الطارئة على مساحات أسطحها الخارجية، واختلاف مواضع وترتيب ذرات فلز الذهب عما كانت عليه.

الهيدروكلوريك. يوجد الذهب في مكامنه على شكله العنصري الحرُّ، أحيانًا على شكل قطع أو حبيبات داخل الصخور، أو على شكل عروق في باطن الأرض، أو في الطمي في قاع الأنهار. على العموم فالذهب فلزٌ نادرٌ نسبياً؛ وهو يوجد أحيانًا على هيئة محلول جامد مع فلز الفضة في سبيكة الإلكتروم؛ كما يشكّل سبائك طبيعية مع النحاس والبالاديوم؛ بالإضافة إلى تشكيله ملغمةً مع الزئبق. وهو فلزٌّ نفيس استخدم في سكّ العملات وفي صناعة الحلي، بالإضافة إلى الأعمال الفنّية للعديد من الشعوب والحضارات والدول على مرّ الزمان. يلعب الذهب دورًا مهمًّا في الأداء الاقتصادي العالمي، لذلك يكون لغطاء واحتياطي الذهب تأثيرٌ على السياسات النقدية في دول العالم، ونظراً للخواص المميّزة التي يتمتّع بها من حيث قابلية السحب والطرق والناقلية الكهربائية ومقاومة التآكل، فإنَّ للذهب أهمّية صناعية تطبيقية، خاصّة في المجالات الإلكترونية.

10 - درجة الحرارة المئوية أو السِّلْسية أو سِلِسْيُوس (بالإنجليزية: Celsius) هي وحدة قياس لدرجات الحرارة ويرمز لها بالرمز °م أو C° مقياس مئوي، والدرجة الواحدة بقياس سلسيوس هي واحد على مئة من الفرق بين درجة غليان الماء ودرجة تجمده تحت قياس الضغط القياسي.

تتغير الخواص البصرية لمادة في الحالة النانوية عنها في الحالة التقليدية، على سبيل المثال اختلاف معاملات التشتت والانكسار وانعكاس الضوء، مما يكسب المادة تغيرات لونية تبعًا للحجم النانوي، وأحيانًا تفقد المادة لونها وتصبح شفافة. أمثلة على ذلك:

قد تصبح المواد المعتمة موادًا شفافة كالنحاس (copper)، وكذلك حبيبات الذهب ذات القطر (200nm) ذهبية اللون، أما إذا وصل قطرها إلى (20nm) تصبح شفافة، ومع زيادة التصغير تظهر ألوان مختلفة لحبيبات الذهب، من الأخضر إلى البرتقالي، ثم الأحمر تبعًا إلى قطرها، وينعكس تصغير أحجام حبيبات الذهب على قدرة تلك الحبيبات لمقاومة التكسير الضوئي، وجمعها بين انبعاث طيفي ضيق المدى، وطيف استثارة واسع المدى.

ويعد مجال الالكترونيات والبصريات أحد أهم المجالات التطبيقية الخاصة بالمواد النانوية التي تجمع في خواصها صفات بصرية، وقدرة فائقة على التوصيل الكهربي، حيث تستخدم هذه المواد في صناعة الشاشات عالية الدقة فائقة التباين، ونقاء الألوان، مثل شاشات التلفاز والحاسبات الحديثة.

تعتمد القوة المغناطيس اعتمادًا كليًا على أبعاد الحبيبات المصنوع منها، فكلما صغرت زادت مساحة أسطحها الخارجية، ووجود الذرات على الأسطح، كلما زادت قوة وفاعلية المغناطيس، وشدته. وتعد المواد النانوية ذات الخواص المغناطيسية أهم مصادر المواد التي تدخل في إنتاج المغناطيسات فائقة الشدة المستخدمة في المولدات الكهربية الضخمة، ومحركات السفن والبواخر العمالقة . كما تدخل الحبيبات النانوية للمواد المغناطيسية في صناعة أجهزة التحميل فائقة الدقة، وكذلك في صناعة أجهزة التصوير بالرنين المغناطيسي، وكذلك في أجهزة التشخيص الطبي بشكل عام.

الخواص الكهربية (Electric properties)

يؤثر صغر أحجام حبيبات المادة، وكثافة أعداد ذراتها على السطح بالإيجاب على الخواص الكهربية التي تمثل بقدرتها الفائقة على توصيل التيار الكهربي، وتستخدم المواد النانوية الآن في صناعة اجهزة الحساسات الدقيقة، والشرائح الالكترونية بمختلف الاجهزة الحديثة. كما تستخدم في صناعة مكونات الهواتف الخلوية (المحمولة) والحاسبات، مما مكن هذه القطاعات الصناعية من إنتاج أجهزة خفيفة الوزن، عالية المواصفات التقنية، وفي

الوقت نفسه منخفضة التكلفة. ويأتي التأثير الكمي على تلك الحبيبات النانوية متناهية الصغر، ليحسن ويعزز من تلك الخواص والصفات، وذلك وفقًا لنظرية ميكانيكا الكم التي جاءت لتصحح قوانين نيوتن الكلاسيكية

الخواص الكيميائية (chemical properties)

تمتاز المواد في حالتها النانوية عن حالتها في الشكل التقليدي، والتي لها نفس التركيب الكيميائي، بأن المساحة الجانبية لأسطح المواد النانوية تزداد، وبالتالي يزداد عدد ذراتها المعرضة للتفاعل، وسبب ذلك هو تصغيرها إلى ما دون مئة نانو متر، وهذا يكسبها خواص كيميائية مختلفة عنها في حالتها العادية، ومن أمثلتها: المواد الخاملة يصبح لها خصائصًا حفازة كالبلاتينيوم (platinum)، والذهب (gold)، المواد المستقرة تتحول إلى مواد محترقة (كالألومونيوم)، المواد العازلة تتحول إلى موادٍ موصلةٍ (كالسيليكون).

أسباب اختلاف خواص الجسيمات النانوية عن حالتها التقليدية:

خصائص المادة كالتوصيل، واللون لا تتغير بتغير الحجم، إلا عندما تصل إلى الحجم النانوي. مثال ذلك: السليكون (Si)[11] في الحالة التقليدية يعتبر مادة معتمة لا تشع، ولكن عندما تكون في حجم وحدة نانومترية واحدة، فإنه

---

[11] - يرمز لعنصر السليكون في الجدول الدوري (Si)، وعدده الذرّي 14؛ يقع ضمن عناصر الدورة الثالثة وفي المرتبة الثانية في المجموعة الرابعة عشرة (المجموعة الرابعة وفق ترقيم المجموعات الرئيسية) في الجدول الدوري. يُصنَّف السيليكون من أشباه الفلزّات، ويوجد في الشروط القياسية على شكل صلب بلّوري هشّ ذي بريق معدني رمادي مزرق. السيليكون رباعيّ التكافؤ، وهو ضعيف النشاط الكيميائي نسبيًا، لكنّه يمتاز بألفته الكيميائية الكبيرة تجاه الأكسجين. يُستخدَم معظم السيليكون تجاريًا على شكل سيليكات دون الحاجة إلى عزل السيليكون بشكله الحرّ، وتتضمّن الأمثلة على هذه الاستخدامات دخوله على شكل رمل أو صلصال أو صخر في مجال الإنشاءات البنائية. كما تُستخدَم السيليكات في الأسمنت البورتلاندي من أجل الملاط والزخارف الجصّية؛ كما تُمزَج مع الرمل والحصى لتحضير الخرسانة؛ وتدخل أيضًا في تركيب الخزف والبورسلان؛ وكذلك في تركيب أنواع مختلفة من الزجاج، مثل زجاج الصودا والجير. هناك المزيد من مركّبات السيليكون الأخرى، مثل كربيد السيليكون، والتي تُستخدَم في تصنيع المواد الساحجة والمواد السيراميكية عالية المتانة. بالإضافة إلى ذلك فإنّ السيليكون هو أساس البوليميرات واسعة الانتشار التي تدعى بالسيليكونات. والسيليكون الحرّ مرتفع النقاوة أساسي في صناعة أشباه الموصلات والترانزستورات وشرائح الدارات المتكاملة؛ والتي هي المكوّنات الأساسية في صناعة الأجهزة الإلكترونية مثل الحواسيب والهواتف المحمولة. للسيليكون العنصري الحرّ أيضاً تطبيقات في مجال تنقية الفولاذ وفي صبّ الألومنيوم، كما يُستخدَم لتحضير الكيماويات النقيّة الدقيقة (غالباً لصناعة السيليكا المُدَخّنة).

يشع باللون الأزرق، وعندما يصل إلى 3 نانومتر يشع بالأحمر.

شكل الجسيمات (shape)

تعتمد خصائص الجسم النانوي على شكله (كروي- أنبوبي- سداسي-......)

تركيب الجسيمات (chemical structure)

ماهية الذرات أو الجزيئات المكونة للجسيم النانوي

درجة التجمع (aggregation)

بعض الجسيمات النانوية تكون جزيئاتها أو ذراتها متباعدة، والبعض الآخر تكون ملاصقة لبعضها البعض، واختلاف درجة تجميع الجزيئات من جسيم لآخر تعبر عن خصائصه.

التوزيع (distribution)

قد يكون توزيع الجزيئات داخل الجسم النانوي منتظم أو غير منتظم، وقد يكون مستقرًا أو غير مستقر، مثال ذلك جزيئات السليكون في بداية التحضير تكون موزعة في المحلول بشكل منتظم ، فيشع المحلول كله، ولكن بعد

مرور عدة أيام تترسب في القاع، ويصبح التوزيع غير منتظم داخل المحلول، فلا يعد يشع بالكامل.

الحصر الكمي

بعض المواد تكون محصورة في بعدين، فتكون حركة الإلكترونات في اتجاه واحد، وبعض المواد تكون حركة الإلكترونات في اتجاهين.

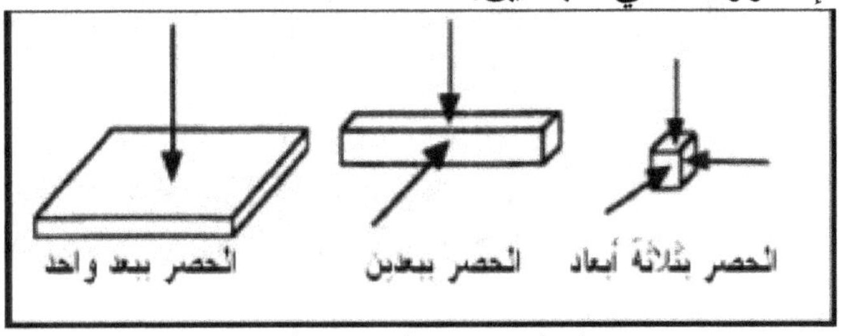

شكل (12) الحصر الكمي

صفات المواد النانوية

لفهم طبيعة المواد النانوية ـالتي تتسم نتيجة لأحجامها الصغيرة بوظائف وخواص جديدةـ يجب الرجوع إلى سبب اختلاف خصائص المادة التي تغير أبعادها إلى المدى النانوي عنها في حالتها التقليدية، وهو التغير في نسبة ذرات السطح إلى حجم المادة ـفالمساحة الجانبية لأسطح المواد النانوية، وعدد ذراتها أكبر من مثيلاتها في الحالة

التقليدية -، فكلما صغرت أبعاد المادة زاد عدد ذرات المادة على السطح، وبشكل عام فإن نسبة الذرات السطحية تزيد في مواد النانو بين (5 - 50%)، ومن المعروف أن ذرات المادة على سطح المادة تتميز بعدة مميزات عن الذرات بداخل المادة، فالذرات بسطح المادة تتعرض للجو الخارجي، ومحاطة بعدد أقل من الذرات مقارنة بالذرات الموجودة بداخل المادة، وتختلف خصائص تلك المواد الفيزيائية والكيميائية مثل طاقة السطح (surface energy)، والذوبانية (solubility)، واللدونة (plasticity)، وزيادة الصلابة (hardness)، ودرجة النصهار (malting point)، وقابلية المادة للتفاعل (reactivity).

ويمكن توضيح صفات المواد النانوية التي تميزها عن مثيلاتها في حالتها التقليدية بالنقاط التالية:

1- أصغر وأخف وزنًا.

2- أسرع وأفضل أداء.

3- كميات أقل لتأثير أكبر.

4- نشاط كيميائي ملحوظ (زيادة قابلية المادة للتفاعل).

5- قوة نفاذية عالية.

6- تحسين خواص كيميائية وفيزيائية (طاقة السطح، والذوبانية، واللدونة، الصلابة، ودرجة الأنصهار).

تعددت طرق تحضير المواد النانوية، فبعضها فيزيائي، وبعضها كيميائي، البعض لا يحتاج إلى تقنيات عالية يمكن توافرها في معاملنا العادية، والآخر يحتاج تقنيات عالية، وظروف خاصة بمعامل مجهزة تجهيزات خاصة، والسؤال هنا عن كيفية تحضير المواد النانوية؟
هناك ثلاث طرق للحصول على المواد النانوية، وهي:-

من أعلى لأسفل (Up to down)

وفيها يتم تكسير أو صحن المواد كبيرة الحجم للحصول على المواد النانوية، ويتم ذلك بأحد طرق التالية:

طرق فيزيائية:

- صحن ميكانيكي (Milling)
- البرد (Attrition)
- التذرية بالليزر (laser ablation)، وفيه يتم نحت واستئصال ليزري
- الحفز الضوئي (photolithography)
- ترسيب (فيزيائي - كهربي)

طرق كيميائية:

- القطع والحفر الكيميائي
- باستخدام الأحماض (acids)
- ترسيب كيميائي

أسفل لأعلى (Down to up)

وفيها يتم تجميع أو تكبير مواد في حجم ضئيل جدًا للوصول للحجم النانوي، ويتم ذلك بأحد الطرق التالية:

طرق كيميائية:

وغالبًا ما ستخدم في تحضير المواد النانوية بهذا الأساس، ومنها:-

- المحلول الغروي (sol- gel)، وهي من أشهر الطرق المستخدمة، وتنتج مواد متناهيه الصغر من معادن أو محاليل غروية (Colloidal solutions)، وتتميز بإمكانية التحكم فى تجانس، هيكلة المادة، وتوزيع الجزيئات فى درجة حرارة منخفضة مقارنة بباقي الطرق.
- التجميع الذاتي
- الترسيب الكيميائى المزدوج، هو الأكثر استعمالاً صناعيا بأقل تكلفه

- المعالجة الحرارية فى وجود الماء حيث تسمح هذة الطريقه بالحصول على جزيئات دقيقة أو كروية أكثر نقاء وتجانسا عن المنتجة بأحد الطرق الكيميائية.

وتتميز بصغر حجم المادة الناتجة، بالإضافة إلى قلة الهدر للمادة الصلبة.

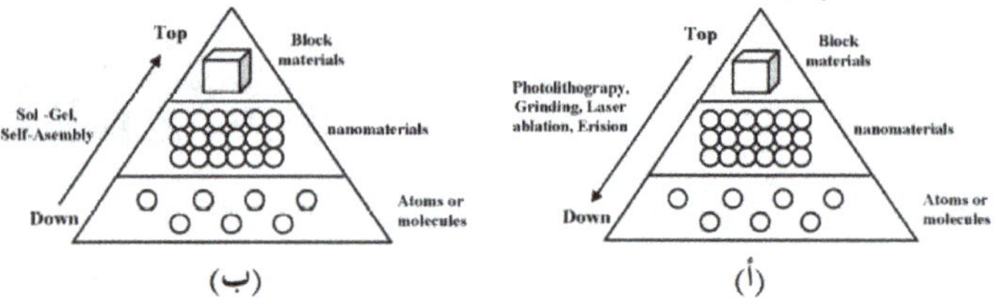

شكل (13) طرق الحصول على حجم نانوي، (أ) من الأعلى لأسفل ، و(ب) من أسفل إلى أعلى

عبر استخدام الكائنات الحية الدقيقة (بكتريا- فطريات- أكتينوميسيتيس- مستخلصات نباتية.... وغيرها) في تحضير المواد النانوية، حيث يتم اختزال المركب الكيميائي للحصول على الفلز أو تكوين محلول في حجم نانو، مثل

اختزال كلوريد الفضة AgCl[12] للحصول على نانو فضة (Nano silver).

12 - كلوريد الفضة هو مركب كيميائي له الصيغة الكيميائية (AgCl)؛ ويوجد في الشروط القياسية على شكل صلب بلوري أبيض اللون. يوجد المركب على شكل معدن في الطبيعة اسمه كلورارجيريت. يعد قطب كلوريد الفضة من الأقطاب المعيارية في الكيمياء الكهربائية. لكلوريد الفضة حساسية للضوء؛ إذ يسود لونه ويتفكك عند التعرض للضوء. يرمز لعنصر الفضة بـ (Ag) ولعنصر الكلور (Cl)، و عدد الفضة الذري 47، ويقع ضمن عناصر الفلزّات الانتقالية في الجدول الدوري وذلك في عناصر الدورة الخامسة والمجموعة الحادية عشرة- الفئة (d) العناصر الإنتقالية الخارجية.- والفضّة ذات لون مميّز يقع بين الأبيض والرمادي، والذي ينسب لها فيقال لون فضّي؛ ولها خواص مميّزة، فهي ذات أعلى قيمة بين الفلزّات من حيث الناقلية الكهربائية والحرارية وكذلك الانعكاسية. وتوجد في القشرة الأرضية إمّا على الشكل الحرّ العنصري الطبيعي، أو على شكل سبيكة مع الذهب، أو ضمن مكوّنات بعض المعادن مثل أرجنتيت وكلورارجيريت. يستحصل على معظم الفضّة كناتج ثانوي من عمليات تكرير وتنقية الفلزّات الأخرى مثل الذهب والنحاس والرصاص. الفضّة من الفلزّات النفيسة وكذلك من فلزّات النقود، لذلك استعملت في سكّ النقود، وحدها أو مع الذهب أحيانًا على الرغم من أنّها أكثر وفرةً في الطبيعة من الذهب، إلّا أنّ الوفرة على شكلّ فلز طبيعي قليلة. للفضّة العديد من الاستخدامات، فبالإضافة إلى استخدامها في مجال الحليّ وسكّ النقود والاستثمارات المالية، فلها تطبيقات في مجال صناعة الألواح الشمسية وتنقية المياه والصناعات الإلكترونية والصناعات الكيميائية، بالإضافة إلى استخدامها في صناعة الفضّيات. أما العدد الذري للكلور فهو 17؛ ويقع في الجدول الدوري ضمن عناصر الدورة الثالثة وفي المرتبة الثانية في مجموعة الهالوجينات تحت الفلور وفوق البروم. يوجد الكلور في الشروط القياسية من الضغط ودرجة الحرارة على شكل غاز ثنائي الذرّة (Cl_2) ذي لونٍ أصفرَ مخضّرٍ، وهو ذو نشاطٍ كيميائيٍّ كبير ويتفاعل مع أغلب العناصر الأخرى ليشكّل مركّبات منها، إذ أنّه من المؤكسدات القويّة، وله ألفة إلكترونية كبيرة، ويحتلّ المرتبة الثالثة في ترتيب كهرسلبية العناصر، وذلك بعد الفلور والأكسجين. يأتي ترتيب الكلور في المرتبة التاسعة عشرة من حيث وفرته في القشرة الأرضية؛ إلّا أنّه يوجد بشكل وافر على شكل أيون كلوريد منحلّ في ماء البحر (خاصّةً على شكل كلوريد الصوديوم

يمكن فحص ودراسة خصائص المواد النانوية، والتأكد من تركيبها، وأنها موجودة في المدى النانوي، باستخدام عدد من الأجهزة والتقنيات من أهمها:

يعرف اختصارًا بـ SEM (Scanning electron microscope)، ويستخدم للتأكد من حجم المواد النانوية قبل الشروع في العمل، وقد تزود بوحدة قوى ذرية وتعرف اختصارًا بـ AF- SEM (Atomic force Scanning electron microscope)

NaCl)؛ كما يمكن الحصول على كافّة أشكال الكلوريدات الأخرى من حمض الهيدروكلوريك (HCl). يُستحصّل على الكلور تجارياً من محاليل ملحية مركّزة بعملية تحليل كهربائي، وخاصّةً بواسطة عملية الكلور القلوي. ساهمت الخواص المؤكسدة القويّة للكلور في دخوله بتطبيقاتٍ تجارية شائعة الاستخدام، مثل عمليات تبييض الملابس وفي صناعة المطهّرات؛ بالإضافة إلى دخوله ضمن المتفاعلات في الصناعة الكيميائية؛ فهو يدخل مثلاً في تركيب بوليمر كلوريد متعدد الفاينيل (PVC) واسع الانتشار. وعند تراكيز مرتفعة فإنّ غازَ الكلور خَطِرٌ وسامٌّ للغاية بالنسبة للكائنات الحية؛ وقد جرى استخدامه سلاحاً كيميائياً لأوّل مرّة في الحرب العالمية الأولى؛ بالمقابل فإنّ أيون الكلوريد ذو دورٍ حيويٌّ مهمّ. من جهةٍ أخرى، فإنّ مركّبات كلوروفلوروكربون ذات تأثيرٍ سلبي على البيئة، حيث تلعب دوراً كبيراً في ثقب أو ترقق طبقة الأوزون

Scanning Electron Microscopy (SEM)

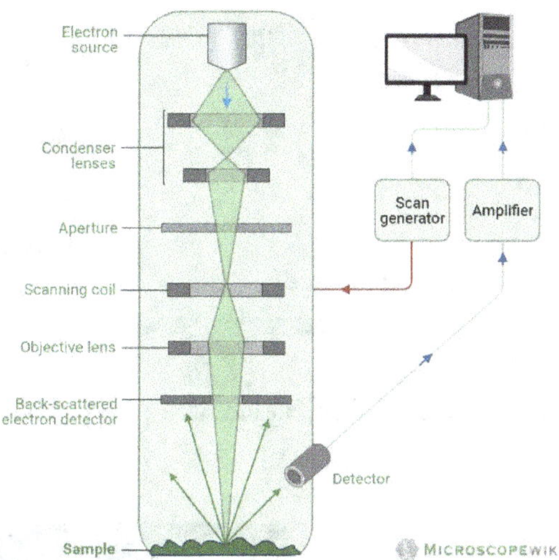

شكل (14) مخطط يوضح تركيب الميكرسكوب الإلكتروني الماسح

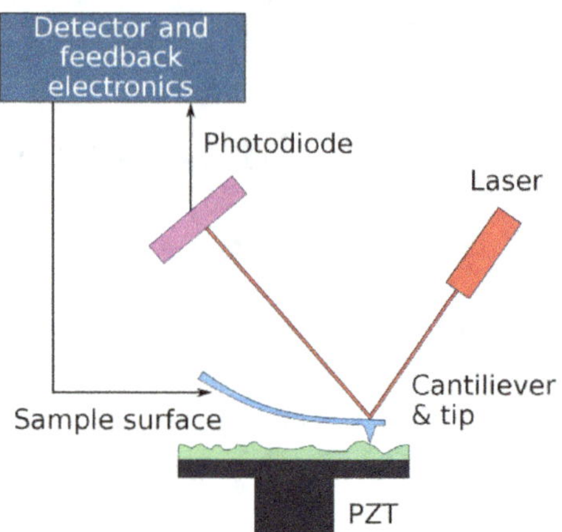

شكل (15) مخطط يوضح تركيب وحدة القوة الذرية

الميكرسكوب الإلكتروني النافذ

يعرف اختصارًا بـ TEM (Transmission electron microscope)، ويستخدم لتأكد من حجم المواد النانوية قبل الشروع في العمل، وقد تزود بوحدة قوى ذرية وتعرف اختصارًا بـ TEM -AF (Atomic force Transmission electron microscope)

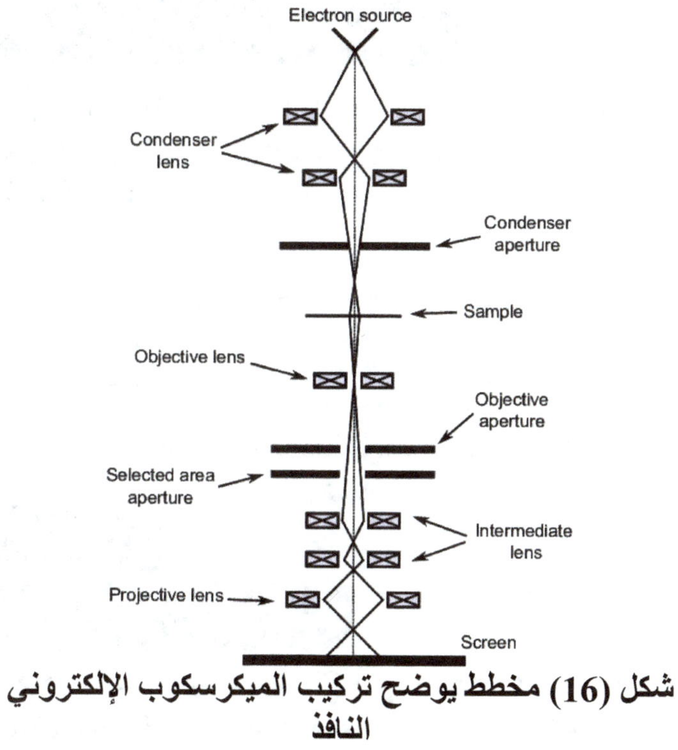

شكل (16) مخطط يوضح تركيب الميكرسكوب الإلكتروني النافذ

التحليل بحيود الأشعة السينية النانوي

يعرف اختصارًا بـ Nano- XRD (Nano X-ray diffraction)، يستخدم للتعرف على الجزيئات المكونة للمادة النانوية

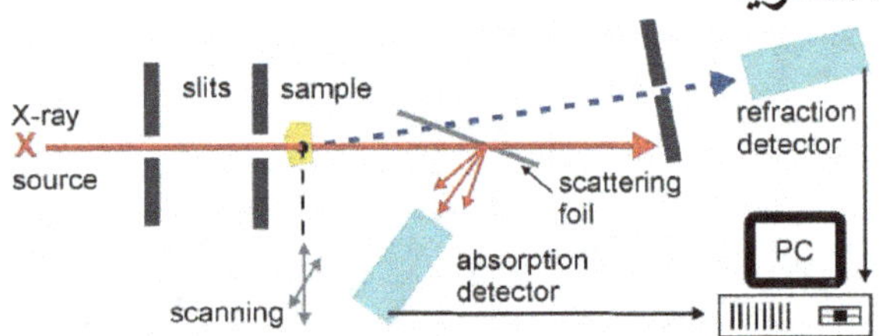

شكل (17) مخطط يوضح تركيب جهاز حيود الأشعة السينية

أجهزة أخرى

الميكرسكوب النفقي الماسح

يعرف اختصارًا بـ STM (Scanning tunneling microscope)، ويستخدم لتحديد شكل سطح المادة

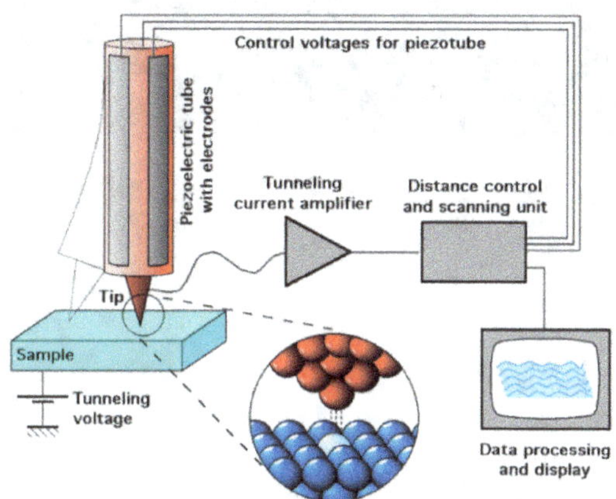

شكل (18) مخطط يوضح تركيب الميكروسكوب النفقي الماسح

ميكروسكوب القوة المغناطيسية

يعرف اختصارًا بـ MFM ـ(Magneticforcemicroscope)

Magnetic force microscope (MFM)

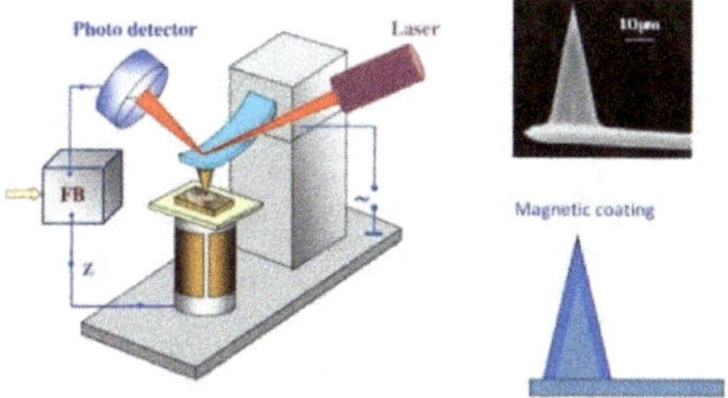

Y. Martin, H. K. Wickramasinghe - Applied Physics Letters, 50, 1455 (1987).

شكل (19) مخطط يوضح ميكروسكوب القوة المغناطيسية

يستخدم لتميز المركبات، والتحقق من تركيبها.

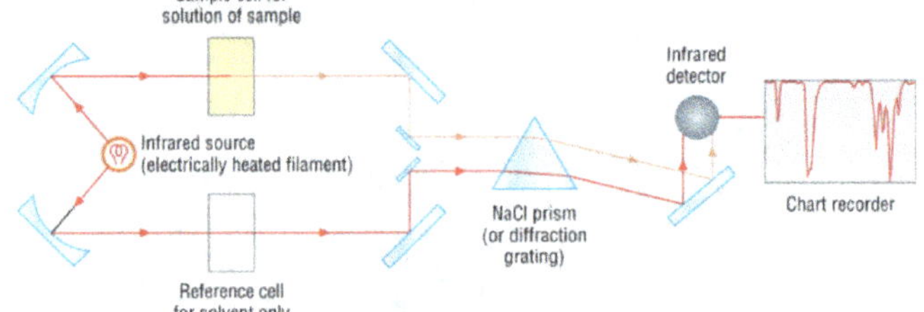

شكل (20) مخطط يوضح نركيب مطياف الأشعة تحت الحمراء

Nano ICP

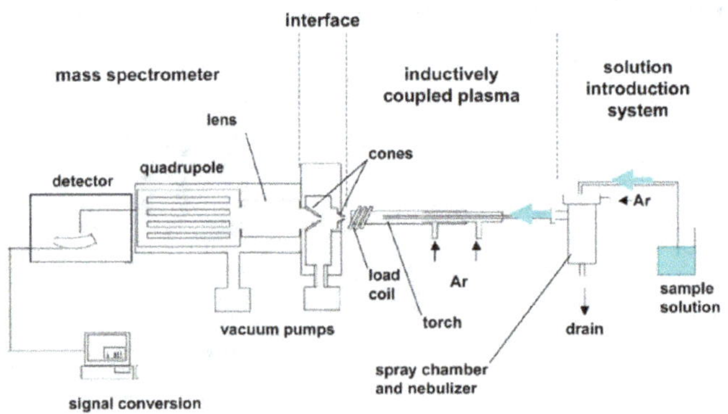

شكل (21) مخطط يوضح تركيب مطياف الـ ICP

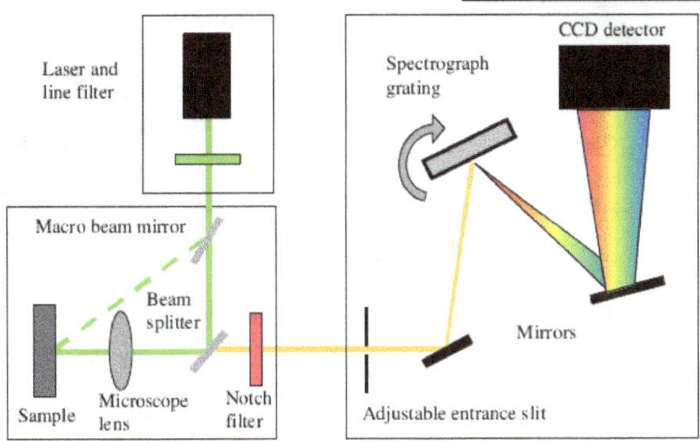

شكل (22) مخطط تركيب مطياف الرامان

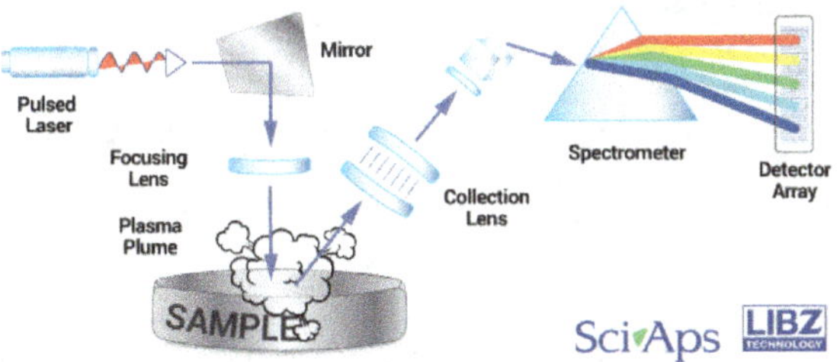

شكل (23) مخطط يوضح تركيب مطياف الـــ LIBS

هل عرف الإنسان المواد النانوية منذ القدم؟

أثبتت الدراسات الحديثة أن القدماء قد استخدموا تقنيات النانو في الكثير من إبداعاتهم الثقافية الموروثة، دون أن

47

يطلقوا عليها هذا الاسم، والتي لا تزال شاهدة على تقدم وعراقة حضارات القدماء، ومنها:

المصريين القدماء

من المعروف والمشهور أن المصريين القدماء كانوا أصحاب حضارة عظيمة، لم يشهد العالم القديم مثلها، ولقد أثبتت الدراسات العلمية الحديثة أن المصريين القدماء (الكمتيين)[13] قد عرفوا تقنيات النانو، وطبقوها في حياتهم في العديد من المجالات، مثل:

الحبر الكربوني

يعد الحبر الكربوني -هو أول وأشهر الأحبار السوداء المصنعة قديمًا- والمتكون من دقائق الكربون (C)[14] النانوية المخلوطة بالماء، ومعه وسيط عضوي مثل الصمغ العربي ليقوم بتثبيت الحبر على أوراق البردي،

---

[13] - نسبة لأشهر أسماء مصر القديمة وهو كيمت أوكمة، وتعني الأرض السوداء

[14] - يرمز لعنصر الكربون ب (C) وعدده الذري 6 وله نظيرين مستقرين هما (C_6^{12}) & (C_6^{13}) ونظير مشع وهو (C_6^{14}) والذي يستخدم في تقدير عمر المومياوات وغيرها من الكائنات الحية ، بينما النظير (C_6^{13}) يستخدم في أجهزة الرنين المغناطيسي وغيرها من أجهزة الفحوص الطبية. ونظرًا لتفرض عنصر الكربون في قدرته على تكوين سلاسل كربونية طويلة بأعداد مختلفة، فقد أسس فرع مستقل من الكيمياء لدراسته وهو علم الكيمياء العضوية والذي تفرع منه علم الكيمياء الحيوية وعلم المنتجات الطبيعية وغيرها من العلوم.

أحد أقدم وأشهر صور المواد النانوية التي عرفها المصري القديم.

خاصة في عهد الدولة الحديثة، حيث حل الحديد (Fe)[15] محل كلًا من النحاس (Cu)[16] والبرونز[17]، وأثبتت الدراسات أن المصري القديم قد أضاف إلى أنصال (جمع نصل، وهو الحد القاطع) هذه الآلات (مثل المنجل والفأس وغيرها) ذرات كربون في مدى النانو، ليكسبها مزيد من الصلابة.

---

[15] - يرمز لعنصر الحديد ب (Fe) وهو من العناصر الانتقالية الخارجية ويوجد في منتصف الجدول الدوري يتبع الفئة (d) وله العديد من صور التكافؤ المختلفة، لكن أشهرها وأكثرها توفرًا هما (Fe^{+3}) & (Fe^{+2})، ويدخل الحديد في العديد من الصناعات، كما أن لب الأرض يتكون من مصهور الحديد

[16] - يرمز لعنصر النحاس ب (Cu) وهو من العناصر الأنتقالية الخارجية ويوجد في منتصف الجدول الدوري يتبع الفئة (d) وله العديد من صور التكافؤ المختلفة، لكن أشهرها وأكثرها توفرًا هما (Cu$^+$) & (Cu^{+2})، ويدخل الحديد في العديد من الصناعات، وخاماته متوفرة بكثرة، وفي صور مواد لونية تستخدم منذ عهد مصر القديمة في تلوين الصور الجدارية.

[17] - سبيكة مكونة من النحاس (Cu) والقصدير (Sn) كانت تستخدم في مصر القديمة والعالم القديم في العصر البرونزي في تصنيع الآلات الحربية والزراعية وأدوات النحت والتماثيل المعدنية وغيرها، ومن أشهر مشاكل تآكلها هو مرض البرونز الذي سمي هذا النوع من تآكل المعادن باسمه.

بتحليل ودراسة بعض ألوان لبعض الصور الجدارية في مقابر مصرية قديمة، وجد أن بعض الألوان الحمراء والخضراء ما هي إلا حبيبات من الذهب موجودة في مدى النانو، ويختلف كل لون عن الآخر تبعًا لحجمها النانوي.

وجد الباحثون أن المشغولات الزجاجية قديمًا كانت تلون بجسيمات نانوية من الذهب (Au) أو الفضة (Ag)، وتختلف درجة اللون تبعًا لحجمها النانوي، مثال ذلك: كأس زجاجي يعود للملك الرومانى لايكورجوس (القرن الرابع الميلادى) ‫محفوظ حاليًا بالمتحف الرومانى- يعطي ألوان مختلفة، والذي يغير لونه تبعا لزوية سقوط الضوء- أحد أقدم التطبيقات لهذه التقنية والذي استخدم في صناعته جسيمات نانو من الذهب والفضة تم خلطها بالزجاج- وتميزت طبقة التلوين بأن حبيباتها ذات أحجام نانوية مختلفة تعطي درجات لونية (أحمر وأخضر).

شكل (24) كأس الملك لايكورجوس

في روما وأثينا قبل ألفي عام صبغ الرومان شعورهم بعجينة مصنوعة من أكسيد الرصاص (PbO)[18] والجير

---

18 ـ أحد أشهر صور أكاسيد الرصاص، ويكون على شكل بلورات حمراء أو صفراء وذلك حسب البنية البلورية ، وكان يستخدم في العصور القديمة كمادة ملونة تعرف باسم أحمر الرصاص. يستخدم في صناعة الأدوية الخاصة بالأمراض الجلدية كالبهاق والبرص والثعلبة. سابقًا كان يستعمل كخضاب وحاليًا يستعمل لتحضير مركبات الرصاص الأخرى. كما يدخل مركب أكسيد الرصاص الثنائي ضمن المركبات المستعملة في فلكنة المطاط. إلى جانب أنه يدخل أكسيد الرصاص

51

المُطفأ $Ca(OH)_2$ [19]، كما اكتشفوا التفاعل بين الكبريت (S) [20] مع بروتين الشعر البشري مكونًا كريستالات فعالة،

الثنائي في بعض تفاعلات التكاثف في الاصطناع العضوي، وهو كبقية مركّبات الرصاص سامة ويجب التعامل معه بحذر.

[19] - يأتي من عمليات إضافة الماء لأكسيد الكالسيوم (CaO) وتسمى عملية طفي الجير، ويستخدم الجير المُطفأ في الغسيل الأبيض ، و يتفاعل مع ثاني أكسيد الكربون ببطء ويشكل طبقة من كربونات الكالسيوم على الحائط مما يعطي اللمعان للجدار. ويستخدم في تصنيع السكر من قصب السكر، يجعل عصير قصب السكر قلويًا ويرسب شوائبه، وكذلك يستخدم في معالجة مياه الصرف الصحي يتم استخدامه في صناعة الورق. ويستخدم في المخللات. يتم استخدامه لمعالجة المياه لمختلف المشروبات. يتم استخدامه لإزالة قشر حبات الذرة السليلوز.

[20] - يرمز لعنصر الكبريت ب (S) وعدده الذرّي 16؛ ويقع ضمن عناصر الدورة الثالثة وفي المجموعة السادسة عشر (المجموعة السادسة وفق ترقيم المجموعات الرئيسية) في الجدول الدوري، حيث يقع في المرتبة الثانية في نفس مجموعة الأكسجين، بالتالي فهو من الكالكوجينات. ينتمي عنصر الكبريت إلى اللافلزّات وهو متعدّد التكافؤ ويوجد عددٌ كبيرٌ من المركّبات الكيميائية الكبريتية. عُرفَ الكبريت في الحضارات القديمة المختلفة، وكان للعلماء العرب والمسلمين دوراً في تطوير ونشر المعارف عن الكبريت، خاصّةً العالم جابر بن حيان، الذي توصّل إلى اكتشاف حمض الكبريتيك وأسماه «زيت الزاج»، حيث كانت تشير تسمية الزاج إلى أملاح الكبريتات المشتقّة من هذا الحمض. يوجد الكبريت في الطبيعة على شكله العنصري الطبيعي الخام بشكلٍ وافرٍ نسبيًا (العاشر من حيث ترتيب العناصر بالنسبة للكتلة في الكون). كما يدخل الكبريت في تركيب المعادن في القشرة الأرضية على شكل معادن الكبريتيدات ومعادن الكبريتات؛ كما يدخل أيضًا في تركيب القطفات الثقيلة من النفط. يستحصل على الكبريت حاليًا على شكل منتج ثانوي من عملية تكرير النفط، حيث يُحوّل بشكلٍ أساسي إلى حمض الكبريتيك، وهو أحد المواد الكيميائية الأولية المهمّة صناعيًا، ومنه إلى مركّبات الكبريت الأخرى المختلفة. يدخل الكبريت في تركيب العديد من المواد الحياتية اليومية مثل الأسمدة والمبيدات وكذلك في عيدان الثقاب. تتميّز مركّبات الكبريت العضوية بأنها ذات رائحة كريهة، ولها دور في الرائحة المنفّرة في النفط والغاز

يتراوح قطرها بين (4- 15 نانومتر)، تغطي الشعر، وتلونه.

كما أن المسلمون الأوائل قد صنعوا السيوف الدمشقية الحادة القوية (Damascus steel 1100-1700 AD) باستخدامهم لتكنولوجيا النانو دون دراية منهم بذلك، حيث وجد الباحثون عند تحليل شفرة السيف الدمشقي- والذي يتميز بحدته وصلابته وقوته أنها تحتوي على أسلاك وأنابيب كربونية نانوية (فريق برئاسة بيتر باوفلير الباحث في علوم المواد في جامعة درزدن التقنية في ألمانيا)، حيث كان الصانع يقوم بتسخين الشفرة لدرجات حرارة عالية، ثم يبردها فجائيًا —والتي تكرر أكثر من مرة- وهذا التكنيك يكسب الحد القاطع قوة وصلابة.

شكل (25) السيف الدمشقي

الطبيعي، وكذلك في الثوم والبصل؛ كما أن كبريتيد الهيدروجين مسؤولٌ عن صدور الرائحة الكريهة للبيض العَفِن. من جهةٍ أخرى، فإن لأكاسيد الكبريت أثر بيئي كبير، فهي من مكوّنات المطر الحمضي.

وجد الباحثون أن الكنائس والكاتدرائيات في أوروبا في القرون الوسطى كانت ذات نوافذ زجاجية ملونة بألوان (أصفر- برتقالي- أحمر- أخضر- أزرق- ...وغيرها)، وهي عبارة عن جسيمات نانوية مختلفة الحجم من الذهب(Au) والفضة. (Ag)

العصر الحديث

وجد الباحثون أن القرن الثامن عشر الميلادي كانت عمليات تحميض الأفلام للحصول على الصور الفوتوغرافية، تحتوي على مادة نترات الفضة (AgNO$_3$)[21]، والتي كانت توضع على ألواح التحميض،

---

21 - نترات الفضة تُستخدم في الطب والصناعة، وهي تذوب بسهولة في الماء، وتحرق الجلد، ويمكن أن تسبب تسمما خطيرًا وقد تسبب الموت في حالة الابتلاع. يستخدم الأطباء نترات الفضة؛ لكيّ الجروح الناتجة عن الحريق لمنع النزيف، أو العدوى. كما يستخدمون محلولاً معتدلاً باردًا من نترات الفضة؛ لمعالجة بعض أمراض العين، والجلد، ويستخدم أيضا مطهرًا وتستخدم صناعة التصوير الضوئي، نترات الفضة في صناعة الأفلام، كما أن معظم أملاح الفضة المستخدمة في الفيلم تصنع من نترات الفضة، فعلى سبيل المثال: يصنع فيلم التصوير الضوئي المصنوع من بروميد الفضة من محلول نترات الفضة وبروميد البوتاسيوم ثم يضاف الجيلاتين . وهو مادة بروتينية . إلى المحلول لتشكيل مادة تسمى المستحلب أو الطبقة الحساسة التي تغطي الفيلم. وتُستخدم نترات الفضة

وهي مادة حساسة للضوء، وبدراستها وجد أنها توجد في الحجم النانوي.

عصر النانو (تطبيقات النانوية في المجالات المختلفة)

نظرًا للخواص الفريدة والمتميزة للمواد النانوية، إلى جانب أنها ذات مردوي أقتصادي كبير، فأنها أقتحمت العديد من المجالات مثبتة كفاءتها، وتقفز في مجالات أخرى لأبعد من الخيال، ومن هذه التطبيقات:

التطبيقات النانوية في المجال الطبي

ساهم تطور تقنية النانو على تغيير القواعد الطبية المتبعة في منع الأمراض وتشخيصها وعالجها وأصبحنا نعيش عصر التقنية الطبية النانوية، فمثلًا تقدم تقنية النانو طرقًا جديدة لحاملات الدواء (drug carriers) داخل الجسم (حاملات نانوية ذات أحجام تصل لمقياس النانو) تكون قادرة على استهداف خلايا مختلفة في الجسم. ويمكن بواسطة هذه التقنية تصوير خلايا الجسم بسهولة، كما لو

أيضًا في صناعة المرايا والحبر (المداد الثابت، المتعذر إزالته) وفي تصفيح أو طلاء الفضة، ويمكن تنقية الفضة بإذابتها في حمض النتريك مع تمرير تيار كهربائي خلال محلول نترات الفضة، وتتكون الفضة النقية عند الكاثُود (القطب السالب)، كما يستخدم الكيميائيون نترات الفضة للمساعدة في إعداد أو تحضير مركبات الفضة الأخرى، ومن ثم تحديد المواد الكيميائية في المحلول.

أننا نأخذ لها صور عادية. كذلك يمكن التحكم بتلك الخلايا، وتشكيلها بأشكال مختلفة. إضافة إلى استخدام الليبوزوم النانوية المصنعة، كأنظمة توصيل للعقارات المضادة للسرطان واللقاحات،كما تستخدم جسيمات الذهب النانوية في أجهزة الاختبار المنزلي للكشف عن الحمل. أما بالنسبة للعمليات الجراحية فقد توصل العلماء لتطوير وتحسين الأدوات الجراحية الآلية التي يتحكم بها الجراح أثناء إجراء هذه العمليات، هذا بالإضافة لتجارب تصنيع إنسان آلي النانوي الذي يستخدم في العمليات الجراحية المعقدة.

لقد اقتحمت المواد النانوية العديد من التطبيقات في المجال الصناعي نذكر منها:

تقدم تقنية النانو الكثير لتحسين الصناعة في هذا المجال، فهي تدخل على سبيل المثال في صناعة الأبواب والمقاعد والدعامات، ومن أهم مميزات القطع المحسنة أنها صلبة، وذات مرونة عالية، بالإضافة إلى أنها تتميز بخفة الوزن. وبالنسبة للقطع المحسنة المستخدمة في صناعة الأجزاء الداخلية أنها تقلل من استهلاك الوقود. كما أنها ستساعد في صنع محركات نفاثة تتميز بهدوئها وأدائها العالي.

صناعة الزجاج:

تدخل تقنية النانو في تحسين الزجاج بشكل عام، وتحسين زجاج النوافذ بشكل خاص، حيث يصبح عالي الشفافية، وذلك باستخدام نوع معين من جسيمات النانو في صناعة من الزجاج يعرف بالزجاج النشط، حيث أن هذه الجسيمات تتفاعل مع الأشعة فوق البنفسجية فتهتز، مما يزيل الرواسب والأوساخ والغبار الملتصق بالسيارات، كما أنها تتميز بأنها تشكل سطحًا قابلًا للماء مما يجعل تنظيفها أمرًا سهلًا لذلك أطلق عليه اسم زجاج ذاتي تنظيف، ومن أشهر المواد النانوية التي استخدمت لتكوين سطح زجاجي ذاتي التنظيف مادتي نانو ثاني أكسيد التاتينيوم (TiO_2) المعروف تجاريًا بالتيتانيا، ونانو أكسيد الزنك (ZnO)

صناعة الشاشات:

تتميز هذه الشاشات المحسنة عن طريق تقنية النانو بأنها توفر كثيرًا من الطاقة التي تستهلك في تشغيلها، كما أنها تتميز بوضوح ودقة عالية. وبالنسبة لحجمها فهي تتميز بقلة سماكتها وخفة وزنها.

منقيات مياه (فلاتر):

يتميز فلتر الاستحمام $(AQ-1000)$ باحتوائه على3 طبقات هي: نانو الكربون، ونانو الفضة، ونانو النحاس

والزنك، وتعمل هذه الطبقات الوسيطة الثالث على تنقية المياه من الكلور والبكتيريا والمعادن الثقيلة وباقي الملوثات المضرة بالشعر والجلد.

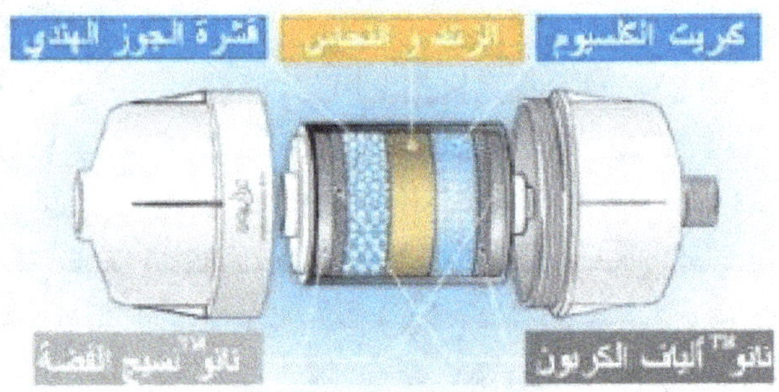

شكل (26) يوضح تركيب فلاتر المياه النانوية

التطبيقات النانوية في مجال الإلكترونيات

تعد الإلكترونيات عصب الحياة الحديثة، وقد أضحت عنصرًا مهمًا في حياتنا اليوم، ولا يمكن تخيل حياتنا بدونها، كونها مكون رئيسي في جميع الأجهزة الكهربية الحديثة التي نستخدمها اليوم. ومما لا شك فيه أن تقنيات النانو أضحى لها دور أساسي وكبير في تطوير صناعة الإلكترونيات، و المعروفة باسم الإلكترونيات النانوية (Nanoelectronics).

الترانزيستورات:

تدخل الترانزستورات كمكون رئيسي في بناء الدوائر المتكاملة في الأجهزة الإلكترونية المختلفة (حاسوب- مذياع - مركبات فضائية- ...)، وبفضل تكنولوجيا النانو تمكنت شركة إنتل من مضاعفة عدد الترانزستورات المستخدمة في المعالجات، وذلك من خلال تصغير أبعادها، والتي وصلت اليوم إلى 90 نانو متر، ومن المحتمل أن تصل أبعادها إلى 50 نانومتر خلال السنوات المقبلة. ومن دون شك فإن هذه المضاعفة في عدد الترانز ستورات، ووجود الأعداد الضخمة منها يعني مضاعفة قدرات الحاسوب وسرعته في إجراء العمليات الحسابية المعقدة في أجزاء من الثانية الواحدة، بالإضافة إلى مضاعفة قدرته في معالجة الصور ومختلف الوسائط السمعية والبصرية.

الحساسات:

إن تكنولوجيا النانو قدمت وتقدم الدعم في مجال إنتاج ما يعرف الآن باسم أجهزة الاستشعار والحساسات النانوية (Nanosensors) التي تعد أحد أهم مخرجات هذه التقنية. وبما أن المواد تتمتع بخواص جيدة، ومواصفات عالية جدا، لذا فإنها تعتبر نموذجية في الاستخدام بمجال النانوية الاستشعار عن بعد، وقد أسهم تناهي صغر أحجام

تلك الحساسات، وخفة وزنها، وانخفاض تكلفتها الإنتاجية في ازدهارها كي تستخدم في مجالات عديدة مثل النقل، والمواصلات، البناء والمرافق، الطب والرعاية الصحية، الحراسة والعمليات العسكرية، وإنتاج الأسلحة، وبما أن الحساسات النانوية تتميز بالدقة المتناهية والزمن القياسي في تحديد هوية وتركيز الملوثات الكيميائية، والميكروبية في البيئة المحيطة فقد وظفت أيضًا في مجال رصد التدهور البيئي، والتنبؤ بالأخطار البيئية.

وقد غدت الحساسات النانوية مألوفة بعد أن غزت مجالات متعلقة بأنشطتنا اليومية، فعلى سبيل المثال، تلك الحساسات المستخدمة في الفتح الآلي لأبواب المحلات التجارية، وتلك المستخدمة في السيارات لمساعدة السائق في تحديد ما حوله من أشياء خشية الارتطام أثناء عملية إيقاف السيارة في المواقف، ورصد بيانات ضغط زيت المحرك، ودرجة حرارته، ومستوى الوقود، وكذلك في الطائرات فهي تزود بعدد هائل من الحساسات النانوية التي يعتمد عليها الملاح الجوي في التعرف على العوامل الجوية الخارجية، وارتفاع الطائرة، ومعرفة أي خلل أو عطل قد يقع في أحد اجزاء الطائرة . وبالنسبة إلى رحلات الفضاء الخارجي فقد قامت وكالة ناسا الفضائية بخطوة رائدة حيث تمكنت لأول مرة في تاريخ البشرية من تصنيع إحدى حساسات النانو الكيميائية، واختبارها على متن إحدى المركبات الفضائية .وقد برهنت التجربة على نجاح تلك الحساسات المتقدمة في العمل في الفضاء الخارجي،

وقدرتها الفائقة على تعيين وتحليل المقادير الضئيلة لملوثات الهواء الداخلي للمركبة الفضائية، ولا شك أن وجود هذه الملوثات ضمن المركبة الفضائية على الرغم من ضآلتها، قد يسبب تهديدًا للملاحة بسبب تراكم تلك الملوثات، وزيادتها في المركبة الفضائية المغلقة، خصوصًا خلال الرحلات الطويلة التي قد تمدد لأشهر.
وقد استخدمت تقنية النانو متمثلة في تقنية النظم الكهروميكانيكية الصغرى (MEMS) في تصنيع هذا الجهاز. وجهاز الاستشعار هذا يتألف من مجموعة من الإلكترونيات ترتبط بحساس نانوي مثبت معها بلوحة الإلكترونيات الرئيسية بالجهاز. وقد استخدمت أنابيب الكربون النانوية في تركيب هذا الحساس وذلك نظرًا لدقة هذه المواد النانوية المتقدمة في تعيين وتحليل الكميات الضئيلة جدا من الغازات المتسربة في الهواء، وتحديد أنواعها.
وفي مجال الكشف عن المتفجرات فإن الحساسات العادية لديها العديد من العيوب ككبر الحجم، وانخفاض حساسيتها، بالإضافة إلى طول الفترة الزمنية اللازمة لأداء مهامها، وصعوبة تكثيف توزيعها في أماكن مهمة أخرى مثل مواقف السيارات المنتشرة في المباني والمراكز التجارية، والجسور والأنفاق ودور العبادة.... الخ، فضلًا عن صعوبة ربط هذه الحساسات مع بعضها من خلال شبكة أرضية تكون قادرة على رصد واكتشاف أماكن وجود المتفجرات ونوع المواد، وإرسال تلك البيانات

لحظيًا لمركز القيادة والتحكم. لذا فقد تدخلت تكنولوجيا النانو توفير الحلول المناسبة بإنتاج مصغرات من أجهزة استشعار لها حساسية فائقة في التمييز بين المواد المتفجرة، وتصنيفها بدقة عالية. كما تتميز هذه الحساسات النانوية بانخفاض تكلفة إنتاجها. وترتكز فكرة عملها على تصيد جزيئات المواد العضوية المستخدمة في صناعة المتفجرات، ذلك لأن هذه المواد ذات درجات غليان منخفضة أي تتبخر نسب ضئيلة من جزيئاتها عند درجة حرارة الغرفة، فتتصيدها الحساسات الكيميائية، وتحللها وترسل إشارات لاسلكية لشبكة نظم المعلومات الجغرافية (GIS) التي ترسلها إلى أجهزة ال (GPS) لدى فرق المتابعة والمراقبة الأرضية، وتصدر هذه البيانات وفقًا للإحداثيات الثلاثية الخاصة بكل حساس ومن ثم يمكن تحديد موقع وجود اللغم والتدخل الفوري لإبطاله.

التطبيقات النانوية في مجال ترميم الآثار

Applications of nanomaterial in the archaeological field

بصفة عامة يمكن القول بأن الجسيمات النانوية المستخدمة في عمليات الترميم[22] المختلفة يجب أن

---

[22] - ترجع أهمية علاج وصيانة (ترميم) الآثار إلى كونها عمليات هامة ينشد منها الحفاظ على التراث المادي من التلف، على أن يتم في أضيق الحدود حتى لا يؤثر على أصالة الموروث المادي الخاضع للترميم، يشمل برنامج عمليات ترميم

تحتوي على بعض أو كل الخصائص التالية، طبقًا للغرض المنوط بها تنفيذه، وهي:-
1. الثبات والفاعلية المستمرة
2. خاملة بيولوجيًا وكيميائيًا
3. غير سامة
4. التكلفة المنخفضة
5. الملائمة تجاه ضوء الأشعة فوق البنفسجية المرئية أو القريبة
6. كفاءة التحويل العالية، وعائد الكم العالي
7. يمكن أن تتفاعل مع مجموعة واسعة من الركيزة
8. وقدرة عالية على التكيف إلى بيئة مختلفة
9. وامتصاص جيد في الطيف الشمسي
10. طاردة للماء، لتمنع توليد الأضرار الناجمة عن المياه.

والسؤال الذي يطرح نفسه الآن، ما هي عمليات العلاج والصيانة التي يمكن أن تتدخل فيها المواد النانوية لتحسينها؟

وعلاج الآثار على عدة خطوات تبدأ بعمليات التسجيل والتوثيق المختلفة، يليها عمليات التنضيف بأنواعها (ميكانيكي- كيميائي) كل حسب حالة وطبيعة الآثر، عمليات استخلاص الأملاح، والتقوية والتي في بعض الآحيان تسبق عمليات التنظيف نظرًا لهشاشة الآثر، ثم التجميع، فالاستكمال، والعزل. وتعد عمليات العزل (coating)، والتعقيم (sterilization)، وتثبيط النمو الميكروبيولوجي (microbial inhibition)، من عمليات الصيانة الوقائية (protective conservation) التي تساعد على الحفاظ على الأثر ، وتقليل فرص تعرضه للتلف.

Cleaning التنظيف

استخدمت المواد النانوية في تنظيف الآثار العضوية وغير العضوية على إحدى الصور التالية:

استخدام المواد النانوية كمذيب

استخدمت المواد النانوية المضافة إلى المذيبات العضوية المستخدمة في التنظيف أو منفردة كمذيب، فأعطت نتائج أفضل من المذيبات التقليدية، ولقد تميزت بما يلى:-

- تغلغل أفضل
- جهد أقل
- كمية أقل

Self-cleaning التنظيف الذاتي

تقوم آلية التنظيف الذاتي على التحفيز الضوئي بالأشعة فوق البنفسجية (UV)[23] والتي تؤكسد الأتساخات

---

[23] - الأشعة فوق البنفسجية (بالإنجليزية ultra violet) وتقع في الطيف الضوئي في الترددات الأعلى من الضوء المرئي، وتنقسم إلى قسمين الأشعة فوق البنفسجية القريبة، وهي القريبة من الطيف المرئي، والأشعة فوق البنفسجية البعيدة، وهي القريبة من الأشعة السينية، وهي طاقتها أعلى من القريبة. وتوجد أشعة فوق البنفسجية في أشعة الشمس، وتنبعث بواسطة التقوس الكهربي أو الضوء الأسود. وكما هي أشعة مؤينة (أي تفصل إلكترونات عن ذراتها) فقد تسبب تفاعلًا كيميائيًا، وتجعل العديد من المواد متوهجة أو مسفرة. وقد أدرك الكثير من الناس تأثير الأشعة فوق البنفسجية على الجسم مسببة حالات من ضربة

المختلفة الموجودة على السطح لتحولها إلى كربون يسهل إزالته بالماء، أو على هيئة غاز ثاني أكسيد الكربون (CO_2)[24] المتطاير في الهواء، لذلك يستخدم مع الآثار المعرضة لأشعة الشمس.

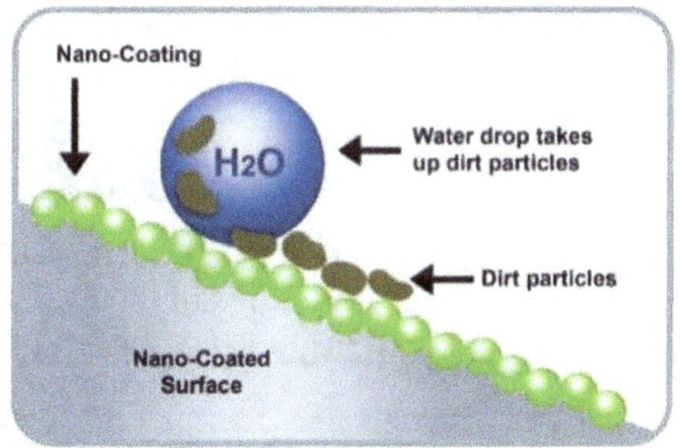

شكل (27) رسم توضيحي لعملية التنظيف الذاتي

الشمس، ولكن طيف تلك الأشعة لها تأثيرات أخرى قد تكون مفيدة أو مضرّة لصحة البشر.

24 - أحد مكونات الغلاف الجوي الأرضي، ويعد أحد ملوثاته إذا زاد عن نسبته الطبيعية. عند ظروف الضغط والحرارة القياسيّتين يكون ثنائي أكسيد الكربون على شكل غاز عديم اللون والرائحة، وهو غير قابل للاشتعال، وله صفة حمضية، كما أنه سهل الانحلال في الماء. ، ويكون مع الماء حامض الكربونيك الضعيف (H_2CO_3). هناك العديد من التطبيقات لغاز ثنائي أكسيد الكربون، وذلك في الصناعات الغذائيّة، والصناعات النفطيّة والصناعات الكيميائيّة. على سبيل المثال، يستخدم في إنتاج اليوريا، كما يستخدم في الصناعات الغذائيّة من أجل صناعة المشروبات الغازيّة والروحيّة. بالإضافة إلى ذلك، فإنّ ثنائي أكسيد الكربون فوق الحرج يستخدم كمذيب وكوسيلة للاستخلاص في الكيمياء، أمّا الثلج الجاف، وهو ثنائي أكسيد الكربون في الحالة الصلبة، فيستخدم مادّةً للتبريد.

من أشهر المواد المستخدمة لتلك العملية:-
- نانو ثاني أكسيد التيتانيوم المعروف تجاريًا بتيتانيا (nano-TiO₂)
- نانو أكسيد الخارصين (nano-ZnO)
نانو سليكات

نانو جيل Nanogel

يتم تحضير النانو جيل عن طريق إضافة الجسيمات النانوية إلى البوليمر المستخدم في عملية التنظيف، وقد أثبت كفاءة عالية في التنظيف عن غيره من المنظفات التقليدية.

الإسفنج النانوي المغناطيسي Nanomagnetic sponge

ويتم تحضيره من (Nanomagnetic gel)، وهو عبارة عن أكسيد كوبلت وحديد نانوي مضاف إلى بوليمر. ويمكن استخدامه مع كل أنواع الآثار، كما يمكن إعادة استخدامه، ويتميز بما يلي: -
- حافظ على الألوان والتطعيم
- حدد نطاق المذيب، ومنع انتشاره خارج نطاق البقعة المراد إزالتها

يعتمد على إضافة المواد النانوية إلى المواد التقليدية المستخدمة في عمليات التقوية بهدف تحسين خواصها الميكانيكية والكيميائية، ورفع كفاءتها، وذلك لصغر حجمها، وحجم جزيئاتها النانوية يعطي درجة تغلغل أعلى داخل مادة الآثر، وينتج عن ذلك تحسن في الخواص الميكانيكية للمادة الآثرية (مقاومة ضغط- شد- .....)، ولا تؤثر على السطح الآثري. ومن أشهر أمثلة المواد النانوية المستخدمة في عمليات التقوية:

- نانو سيلكا   nano silica in water or alcohol

- نانو حجر جيري   nano lime in dimethyl formamide

وتختلف نسب المواد المضافة طبقًا لحالة كل أثر، ولكن غالبًا ما تستخدم نسبة صغيرة حوالي (1- 2%)، ويتم تحديد النسبة المناسبة عبر الدراسات التجريبية للوصول للنسبة الأفضل، ويتم عمل نماذج تجريبية حسب مكونات الآثر، والظروف الجوية المحيطة به، وتقييم مدى فاعلية المواد المستخدمة.

Coating [25]

إن إضافة المادة النانوية للمواد التقليدية المستخدمة في العزل (بوليمرات)، فإنها تحول المواد الكارهة/ الطاردة للماء (hydrophobic) إلى مواد عالية الكراهة/ الطاردية للماء (super hydrophobic)، وأن كانت محبة للماء (hydrophilic)، فإنها ستتحول إلى مادة كارهة للماء (hydrophobic)، مما يجعلها تتميز بما يلي:-

- التخلص من التأثير الضار والمتلف للماء أو الرطوبة

- مقاومة للتأثير المتلف للأشعة فوق البنفسجية، وخاصة على الآثار العضوية

---

[25] - تتميز مواد العزل بشكل عام بما يلي :شفافة عديمة اللون، ولا تؤثر على السطح من حيث الشكل واللون، مقاومة لعوامل التلف، ثابتة ضد الأشعة فوق البنفسجية، تمنع أو تخفض امتصاص الماء، فتحافظ على المحتوى الرطوبي للمادة الأثرية، تسمح بعمليات التنظيف المختلفة، واستخلاص الأملاح، وكفاءة عزل تصل إلى 85%

تستخدم المواد النانوية في تثبيط النموات الميكروبية لكفاءة تصل إلى 98%، مما يحافظ على المادة الآثرية خاصة العضوية منها من التلف، ومن أشهر المواد التي تم استخدامها:

- نانو النحاس (Nano- copper)، مضافة إلى بوليمرات سليكونية.
- نانو فضة (nano- silver)، وهي ذات سمية عالية، لذلك وجب التعامل معها بحرص شديد.

الاستكمال

استخدمت بعض المواد النانوية في العجائن والمونات المستخدمة في عمليات الاستكمال، لتحسين خواصها، وزيادة تماسكها مع جسم الآثر، وقد تضاف نسبة ضئيلة جدًا من المواد النانوية لحمايتها من التلف الميكروبيولجي.

التعقيم sterilization

استخدم في عمليات التعقيم المختلفة مواد نانوية، والتي أثبتت كفاءة، وديمومية، وفاعلية أكثر من طرق التعقيم

التقليدية الكيميائية منها والفيزيائية، ومن أمثلة هذه المواد:

- نانو ثاني أكسيد التيتانيوم المعروف تجاريًا بتيتانيا (nano-TiO₂)
- نانو فضة (nano- silver)

ويعد التوجه الحديث من عمل توليفات أو متراكبات نانوية عبارة عن عدد من المواد النانوية مخلوطة أو متداخلة تركيبيًا معًا لتقوم بعدد من الوظائف المختلفة، مما يقلل عدد وكمية المواد الداخلة في علاج وترميم المواد الآثرية المختلفة تطبيقًا للقوانين والمواثيق الدولية الخاصة بعلاج وصيانة الآثار المختلفة.

- استشراف المستقبل (ثورة التكنولوجيا النانوية)- تأليف/ ك. إريك دريكسلر، كريس بيترسون، جايل براجاميت- ترجمة وتقديم/ رؤوف وصفي- المركز القومي للترجمة- 2016م.
- رؤية نانومترية (هندسة المستقبل)- تأليف/ كولن ميلبورن- ترجمة/ رؤوف وصفي- المركز القومي للترجمة- 2018م.

- مبادئ تقنية النانو (دراسة مبنية على الجزئ في المنظومات الصغيرة للمادة المكثفة)ـ تأليف/ على منصوريـ ترجمة ماهر حمدي الصاحب، محمد إبراهيم الماجدـ دار جامعة الملك سعود للنشرـ 2019م.

- النـــــانو وتطبيقاتهـ حسن عز الدين بلالـ وزارة الثقافة السورية

- مدخل إلى علم النانويات وتقانتهاـ تأليف/ ماسيمليانو دي فنترا، ستيفان إيفوي، جيمس ر. هفلينـ ترجمة/ محمد عبدالستار الشيخلي، حاتم النجدي، يمن الأتاسي، إبراهيم رشيديـ مدينة الملك عبدالعزيز للعلوم والتقنيةـ المنظمة العربية للترجمةـ سلسلة كتب التقنيات الاستراتيجية والمتقدمة.

السيرة الذاتية للمؤلفة

- الاسم: صفاء حسين محمود عبدالله العجماوى
- الجنسية: مصرية
- الديانة: مسلمة
- مواليد: 6 من أغسطس 1985م
- حاصلة على :

○ بكالوريوس علوم جامعة القاهرة (كيمياء/فيزياء) مايو 2006 م (تقدير جيد جدًا)

○ تمهيدى ماجستير فيزياء نووية جامعة القاهرة 2010م (تقدير امتياز)

○ دبلومة دراسات عليا إسلامية مايو 2014 م (تقدير امتياز)

○ دبلومة ترميم عام بكلية الآثار جامعة القاهرة مايو 2019 م (تقدير امتياز A^+)

- تدرس:

- برنامج ماجستير ترميم الآثار الحجرية جامعة القاهرة (تقدير المقررات الدراسية امتياز)A^+

- عملت فى:

- المركز القومي للبحوث (مجموعة النانوتكنولوجى) من 2006 الى 2008م.

- حاليا باحث كيميائي فى قطاع الهندسة الإذاعية باتحاد الإذاعة والتليفزيون من 2009م (إدارة

التكييف المركزي حتى 2014 م ـإدارة شئون المقر حتى 2016 م ـمركز بحوث الهرم منذ 2016م)

- المدير التنفيذي لدار نشر حروف منثورة للنشر الإلكترونى سابقًا

- رئيس قسم الاستطلاع بمجلة الحرافيش الإلكترونية سابقًا

- المدير التنفيذي وصاحبة فكرة مشروع كتيبات الجيب بدار نشر حروف منثورة للطبع والنشر والتوزيع

● نشرت لها :

للمؤلفة العديد من المقالات والقصص القصيرة صحفيًا، إلى جانب عدد من الأعمال الأدبية المطبوعة والمقروءة إلكترونيًا، نذكر لها ورقيًا:

- روايات:

نكهات صوفيا ـ جريمة المصعد ـ عودة راسبوتين ـ في ضيافة أجاثا ـ خارج الأسوار ـ برفقتها ـ محراب عينيكِ

- مجموعات قصصية:

همسات من الخيال ـ يحكى أن ـ رسالة لن ترسل أبدًا ـ بلا أسماء ـ شذرات ـ قيود واهنة ـدواوين شعر وخواطر نثرية:

إليك أنت ـ يا عزيزي

- كتب علمية:

كتاب "طرق التنظيف المتبعة في المباني المشيدة بالحجر الجيري في مصر القديمة"

- كتيبات جيب:

1. سلسلة بيوم للفانتازيا: أرض التنانين- النترو
2. سلسلة أكوان للخيال العلمي: المعمرون- السبع أراضي
3. سلسلة مرصود للرعب: القادم فجرًا- الجاثوم
4. سلسلة بذور التربوية: صفحات من خلف الجدار- يوميات آدم في رمضان
5. سلسلة لوتس للأطفال: عالم المرآة وحكايات أخرى
6. سلسلة رواة التاريخية: رادوبي وحكايات أخرى

- طرق التواصل :

https://www.facebook.com/quark.lepton1

المحتويات

عبر عن رأيك في موضوع هذا العدد؟

هل مثل لك موضوع هذا العدد الاستفادة المرجوة ولماذا؟

نصويرها من خلال وانس اب الدار